Gabriella Kranke

Bleib am Ball

Jesus kommt bald wieder

Rediroma-Verlag

Bibliografische Information der Deutschen Nationalbibliothek:
Die Deutsche Nationalbibliothek verzeichnet diese Publikation in der Deutschen Nationalbibliografie; detaillierte bibliografische Daten sind im Internet über http://portal.dnb.de abrufbar.

Wenn nicht anders vermerkt, sind die Bibelzitate der „Neuen Genfer Übersetzung“ oder der „Neues Leben – die Bibel“ entnommen.

ISBN 978-3-98527-915-9

www.rediroma-verlag.de
9,95 Euro (D)

INHALT

Einleitung

Bleib am Ball

Diese Kurzanleitungen zu den verschiedenen Themen sollen dir helfen am Ball zu bleiben, nicht nur wenn du in Schwierigkeiten oder herausfordernden Lebenslagen bist, in erster Linie jedoch für dein tägliches Glaubensleben. Denn wer nicht am Ball bleibt, der läuft Gefahr, aus der Übung zu kommen und tatsächlich schneller als gedacht vom Glauben abzufallen. Das geschieht oft ganz allmählich und unbemerkt. Plötzlich hat dein Sprechen keine Auswirkung mehr und die Freude geht auch flöten.

Dann erinnere dich daran, dass du dein Glaubensleben wieder auf volle Fahrt bringen musst und du zu den Grundlagen zurückkehrst, die du wahrscheinlich schon einige Zeit vernachlässigt hast.

Paulus hat dies den Galatern damals sehr deutlich zu verstehen gegeben, als er den Brief an sie schrieb. Er war sehr verwundert darüber, wie schnell sie vom ursprünglichen Glauben abgekommen waren und sich wieder einem anderen Evangelium zugewandt haben. Dabei gibt es doch gar kein anderes außer dem, was ihnen Jesus Christus verkündet hat: das einzig wahre Evangelium der Gnade.

Er fragte sie, ob sie sich allen Ernstes wieder den kraftlosen und armseligen Vorstellungen dieser Welt zuwenden wollten und sie ihnen wirklich wieder dienen und ihr Sklave werden wollten.

Er war in ernsthafter Sorge um sie. Sollte etwa seine Lehre bei ihnen und all sein Mühen um sie umsonst gewesen sein?

Er erinnerte sie daran, dass sie doch durch Christus zur Freiheit befreit wurden und er ermutigte sie standhaft zu bleiben - am Ball zu bleiben - und sich nicht erneut unter ein Joch der Gefangenschaft zu begeben, unter religiöse Vorschriften.

Er ermahnte sie achtzuhaben auf den Nächsten, aber auch auf sich selbst, demütig zu bleiben und immer wieder auf den Boden von Gottes Geist zu säen, sowohl geistig als auch finanziell, um gute Frucht hervorzubringen. Auch ermahnte er sie, nicht müde zu werden darin, immer wieder Gutes zu tun, insbesondere denen, die zur Familie Gottes gehören. Er rief ihnen in Erinnerung daran zu denken, dass sie neue Schöpfungen geworden sind durch Christus Jesus.

Am Ball zu bleiben ist die Ansage dieser Stunde, dieser letzten Gelegenheit bevor Jesus wiederkommt, um nicht vom Glauben abzufallen oder irre geleitet zu werden.

Wir leben in einer entscheidend wichtigen Zeit, der biblischen Endzeit, und sehen mittlerweile alle Auswirkungen davon. Nicht nur in der Natur, sondern auch am Verhalten der Menschen zueinander.

Gott braucht dich in dieser letzten Zeit, bevor Christus wiederkommt. Er wusste, dass du ein Glaubender sein wirst, dem Er den Auftrag geben kann wie ihn Jesus uns gegeben hat: **„Tut die gleichen Werke, die ich getan habe und noch größere darüber hinaus."**

Wir leben im Zeitalter des Neuen Bundes und das ist der Bund des Evangeliums der Gnade. Über ihn sagte Paulus, dass es kein anderes Evangelium gibt als das der Gnade und wer noch ein anderes verkündet, der sei verflucht.

Du und ich können nichts mehr für Gott tun, um gut genug für Ihn zu sein, damit Er uns akzeptiert, denn Jesus ist gekommen, um den Sünder in einen gerechten Stand zum himmlischen Vater zurückzuführen. Deshalb bist du jetzt in Seinen Augen gut genug, denn du bist jetzt die Gerechtigkeit Gottes in Christus Jesus, weil du Ihn als deinen persönlichen Erretter angenommen hast.

Dieses Ziel, dich gerecht zu sprechen, hat Er mit dem Kreuz verfolgt und jetzt liegt es an dir, ob du dem Ruf nachgibst, zu dem Jesus dich aufgefordert hat: **„Folge du mir nach!"**

Wenn du diesem Ruf folgen möchtest, dann sprich dieses einfache Gebet laut hörbar aus:

„Herr Jesus, danke, dass Du all meine Sünden getragen hast. Ich lade Dich jetzt ein, sei von nun an Herr meines Lebens.“

Wenn du das mit deinem ganzen Herzen glaubst, bist du nun ein Kind Gottes, eine neue Schöpfung geworden, ausgestattet mit der neuen Natur Gottes in dir und du gehörst jetzt zur himmlischen Familie und zum Leib Christi. Ich gratuliere dir für die beste und wichtigste Entscheidung deines Lebens.

Such dir gleichgesinnte Brüder und Schwestern, mit denen du Gemeinschaft haben und dich im Wort Gottes austauschen kannst. Bleib am Ball!

Eine weitere Möglichkeit, um am Ball zu bleiben, bieten auch meine Kurzbotschaften, die auf meinem YouTube-Kanal „Wie im Himmel so auf Erden“ veröffentlicht werden. Ein Abo lohnt sich ganz bestimmt.

1. Gott ist mein Bündnispartner

Die Bibel ist in drei Zeitalter eingeteilt und in jedem Zeitalter wollte Gott mit dem Menschen in einem Bund, in einer intimen Gemeinschaft leben.

Das erste Zeitalter war die Schöpfungsgeschichte, von der in den ersten fünf Büchern Mose berichtet wird. In diesem Bund musste der Mensch, nämlich Adam und Eva, nur ein einziges Gesetz befolgen: **„Du darfst vom Baum der Erkenntnis von Gut und Böse nicht essen."** Dieser Bund war also vom Gehorsam des Menschen abhängig. Dass er nicht funktionierte, bedarf hier keiner weiteren Erklärung.

Das zweite Zeitalter war der Mosaische Bund. Hier gab es „die Zehn Gebote" und unzählige weitere Anordnungen. Dieser Bund war auch wieder vom Gehorsam des Menschen abhängig. Dass auch der Alte Bund für den Menschen nicht zu halten war machte deutlich, dass Gott einen ganz anderen, einen neuen Bund mit dem Menschen schließen musste, der nicht mehr von ihrem Gehorsam abhängig ist.

Das dritte Zeitalter ist das Gnadenzeitalter oder Gemeindezeitalter, „der Neue Bund". Jesus Christus hat ihn durch Seinen Gehorsam für jeden Menschen gegründet, der Ihn aus Gnade durch Glauben annimmt. Dieser Bund besteht von nun an für immer, weil er von der Gnade Gottes abhängig ist und nicht mehr vom Menschen. Dieser Bund hält in alle Ewigkeit, denn er gründet sich auf dem, was Jesus am Kreuz getan hat, auf dem Blut, dass Er vergossen hat. Alles von Gott - nichts vom Menschen. Jetzt genießt der von „oben wiedergeborene" Mensch alle Segnungen die in der Bibel stehen, aus Gnade und nicht aus Gehorsam oder Werken.

Gesegnet bin ich da wo ich wohne und da wo ich arbeite. Gesegnet sind meine Nachkommen. Gesegnet ist alles was meine Hände berühren, ich bin erfolgreich in all meinem Tun. Gesegnet sind meine Vorratskammern und meine Speisen. Ich hinterlasse Segen dort wo ich eintrete und wenn ich wieder gehe. Ich schlage meine Feinde in die Flucht. Der Herr versorgt mich mit allem was ich zum Leben brauche. Meiner Hände Arbeit ist gesegnet. Wo ich lebe begleitet mich Gottes Segen. Ich halte mich an das Gebot der Liebe, das in mein Herz geschrieben ist. Weil ich zu Ihm gehöre und wie Christus lebe, haben alle Menschen Respekt vor mir. Da wo der Herr mich braucht, wird Er mich mit allem, was ich zum Leben brauche, in Fülle und Überfluss versorgen. Der Heilige Geist wird mich dort wo ich bin, mit Seiner Kraft bestätigen. Weil ich den Menschen das Evangelium der Gnade verkünde, werde ich viele Menschen in die Gemeinschaft mit Gott führen. Er wird immer darauf achten, dass ich zu den allerbesten gehöre und dass ich nicht von Seiner Seite weiche, wie auch Er nicht von

meiner Seite weicht. Das ist der Bund, den Er mir durch Jesus Christus geschworen hat.

Gott ist mein Bündnispartner. Der Alte Bund war der Wegbereiter für die Wirksamkeiten, die Kraftwirkungen des Heiligen Geistes. Im Alten Bund hatten die Menschen nur Verheißungen, Schattenbilder und Hoffnungen. Der Neue Bund ist der Bund der Erfüllung all dieser Verheißungen, Schattenbilder und Hoffnungen.

Im Alten Bund lebte Gott **mit** den Menschen! Oft auf sehr beeindruckende Weise. Im Neuen Bund lebt Gott **in** den Menschen! Wie beeindruckend ist das denn?

Es ist ein gewaltiger Unterschied, ob ich mit einem König lebe oder ob ich selbst ein König bin!

Erst der neue Bund macht es möglich, dass wir einander lieben, dienen und wertschätzen in dem einen Geist, dem Heiligen Geist, der uns miteinander verbindet, versöhnt, verheiratet und zu dem einen Leib Christi vereint.

Dieser einzigartige Bund mit Gott ist unverdiente Gunst - Gnade. Verdient hat ihn niemand, denn Jesus hat den Preis dafür mit Seinem Blut bezahlt.

2.Samuel 9:7-13
David sprach zu ihm: Fürchte dich nicht, denn ich will Barmherzigkeit an dir tun um deines Vaters Jonatan willen und will dir den ganzen Besitz deines Vaters Saul zurückgeben; du aber sollst täglich an meinem Tisch essen. Er aber fiel nieder und sprach: Wer bin ich, dein

Knecht, dass du dich wendest zu einem toten Hund, wie ich es bin? Da rief der König den Ziba, den Knecht Sauls, und sprach zu ihm: Alles, was Saul gehört hat und seinem ganzen Hause, habe ich dem Sohn deines Herrn gegeben. So bearbeite ihm nun seinen Acker, du und deine Söhne und deine Knechte, und bring die Ernte ein, damit es das Brot sei des Sohnes deines Herrn und er sich davon nähre; aber Mefi-Boschet, der Sohn deines Herrn, soll täglich an meinem Tisch essen. Ziba aber hatte fünfzehn Söhne und zwanzig Knechte. Und Ziba sprach zum König: Ganz so, wie mein Herr, der König, seinem Knechte geboten hat, wird dein Knecht tun. Und Mefi-Boschet, sprach David, esse an meinem Tische wie einer der Königssöhne. Und Mefi-Boschet hatte einen kleinen Sohn, der hieß Micha. Und alle, die im Hause Zibas wohnten, dienten Mefi-Boschet. Mefi-Boschet aber wohnte hinfort in Jerusalem, denn er aß täglich an des Königs Tisch. Und er war lahm an seinen beiden Füßen.

So wie David im Alten Bund einen Nachkommen von seinem Bündnispartner Jonatan zu segnen gesucht hat, so sucht Gott heute im Neuen Bund Seine Kinder zu segnen.

Was für eine gewaltige unverdiente Gunst ist da auf den Erben niedergeprasselt! Das hätte er sich in seinen kühnsten Träumen nicht erdenken können. Womit hatte er das verdient? Reine Gnade, reine Gunst, die kannst du nicht verdienen, die kannst du nur geschenkt bekommen. Kannst du sehen, mit welch einer gewaltigen Gunst und

Gnade dich unser himmlischer Vater beschenkt? Wenn du begreifst, dass nicht **du** gut sein musst, um etwas zu bekommen, sondern **Jesus** gut war, dann kannst du dieses Geschenk annehmen. Und weil dieses Geschenk jedem, der es glaubt und annimmt zur Verfügung steht, ist das gerecht. Von da an ist der Glaubende die Gerechtigkeit Gottes in Christus Jesus.

Gott möchte, dass du Seinen Bund, den Neuen Bund, aus Gnade empfängst. Jesus Christus hat Sein Leben gegeben, damit du jetzt der Nutznießer dieses Neuen Bundes sein kannst. Du bist jetzt im Neuen Bund auch kein Knecht mehr, du bist vielmehr Gottes geliebter Sohn!

Was muss ich dazu beitragen, um diese Gnade zu erhalten? Glauben.

Was ist Glaube?

Hebräer Brief Kapitel 11 Vers 1
Glaube ist die Garantie für die Erfüllung worauf ich hoffe, ein überzeugt sein von der **Wirklichkeit unsichtbarer Dinge**.

Du musst an die Gnade glauben, die dir durch das Erlösungswerk unseres Herrn Jesus Christus geschenkt wird, denn Er ist Gnade. Und dann wird der Vater dich von der Wirklichkeit Seiner Verheißungen für dein Leben überzeugen.

Matthäus 26:26
Jesus nahm das Brot, dankte Gott dafür, brach es in Stücke und gab es den Jüngern mit den Worten: „Nehmt und esst, das ist mein Leib."

Der Blutsbund wird bekräftigt durch das Abendmahl. Es ist eine Anordnung, eine Verordnung unseres Herrn. Der Arzt verordnet dir etwas. Wer aber das Rezept nicht einlöst und die Medizin nicht laut Gebrauchsanweisung nimmt, kann keine Heilung oder Erlösung erwarten!

Wer meine Worte hört und danach handelt, für den sind sie das Leben und Medizin für seinen ganzen Leib.

Genau an dieser Stelle ist der Stolperstein, über den viele Christen fallen und kein Ergebnis bei der Lösung ihres Problems erzielen. Denn es heißt: Wer meine **Worte hört und danach handelt!** Du gehst auch nicht zum Arzt, hörst dir nach der Untersuchung die Diagnose an, gehst dann wieder nach Hause und das war´s dann. Nein, du holst dir die Arznei ab und wirst genau die Anweisung befolgen, die er verordnet hat. Du handelst also, damit ein Ergebnis hervorkommt.

Das Abendmahl ist ein äußeres Zeichen für ein inneres Werk. Das Bündnismahl, das Abendmahl, besteht aus Brot und Wein. Brot steht für den Leib, Wein für das Blut, alles zusammen für den Bund.

Das erste große Wunder geschah auf einer Hochzeit. Wasser wurde von Jesus in Wein verwandelt. Jesus ehrt hier den Bund der Ehe und dieses Fest wird gebührend gefeiert.

Hosea 2:21
Und ich will dich mit mir verloben auf ewig, ich will dich mit mir verloben in Gerechtigkeit und Recht, in Gnade und Erbarmen.

Die Verlobung ist der Wegbereiter für die Hochzeit. Es gehören immer drei zu einer erfolgreichen Ehe: der Mann, die Frau und Jesus. Wer treu sein und bleiben will, muss in der Wahrheit Jesu Christi bleiben. Jesus sprach: **"Ich bin die Wahrheit, ohne mich könnt ihr gar nichts!"** Du hast nur dann eine erfolgreiche Ehe, wenn du Jesus als Bündnispartner mit dabeihast. Nur durch Seine Gnade, eine Fähigkeit, die du selbst zu leisten nicht imstande bist, kannst du treu und ein guter Ehepartner sein.

1.Korinther 6:19
Oder wisst ihr nicht, dass euer Leib ein Tempel des in euch wohnenden Heiligen Geistes ist, den ihr von Gott empfangen habt, und dass ihr nicht euch selbst gehört?

Im Neuen Bund sind wir der Tempel Gottes, die Wohnstätte Gottes, des Heiligen Geistes. Dein Körper ist um einen teuren Preis erkauft worden, er gehört dir nicht mehr selbst. Du hast jetzt die Verpflichtung, ihn gut zu behandeln. Sieh dich von nun an nie getrennt von deinem Bündnispartner, du lebst ab jetzt in einer engen Gemeinschaft mit deinem Vater, durch den Geist Jesu Christi. Denk nicht einmal getrennt von Ihm. Er ist immer da. Das ist und war der Plan Gottes von Anfang an. Der Plan für dich und alle Menschen, die du erreichen kannst und erreichen sollst.

Jesus spricht: **„Ich lasse dich nicht als Waise zurück. Ich bin im Vater, du bist in mir und ich in dir. Wir lieben dich und wohnen in dir."**

Der Geist Gottes verbindet mich (in jeder Verbindung ist der Neue Bund inbegriffen) mit dem Leben des auferstandenen Jesus Christus. Er ist die Kraft die mich befähigt, Tag für Tag **Sein** Leben zu leben. Der Heilige Geist führt mich in die Neue Welt des Neuen Bundes, „an himmlische Örter", dorthin, wo ich von nun an lebe. Meine Realität ist diese: Wie im Himmel so auf Erden. Ich lebe **auf** dieser Welt, aber **nicht** mehr **in** ihr. Denn ich lebe in Christus. Ich wandle nicht mehr im Schauen, sondern im Glauben!

Der Geist Gottes verbindet mich auf lebendige Weise mit dem Bund, den Jesus für mich geschlossen hat. Er lebt in mir, damit die Verheißungen des Neuen Bundes in meinem Leben real und lebendig werden. Wie kommt das zustande? Indem ich meinem Geist Nahrung gebe, damit er mit dem Geist Gottes kommunizieren kann. Gott ist Geist und Er „spricht" zu Seinen Kindern durch das Wort Gottes. Je öfter du im Wort Gottes liest, desto mehr kann Gott durch Seinen Geist mit dir „sprechen". Du lernst Seine Sprache kennen, genau wie du auch in der Schule eine neue Sprache durch ein Lehrbuch kennenlernst und erlernst. Das braucht Zeit und Übung. Das ist die lohnenswerteste Sprache, die du je erlernen kannst, denn Gott hat nur Gutes für dich in deinem Leben bereitgestellt.

1.Johannes 2:20
Und du hast die Salbung vom Heiligen Geist und alles Wissen in dir, deshalb kennst du die Wahrheit.

In der christlichen Sprache wird die Kraft oder Befähigung Gottes als Salbung bezeichnet.

Dein Bündnispartner ist dein Partner des Vertrauens und er ist Geist. Gott ist Geist. Sei von nun an bereit, etwas für dein geistiges Verständnis zu tun, zu lernen. Dazu ruft uns das Wort Gottes immer wieder auf. Dann wirst du wissen, was der Geist Gottes dich lehrt und was Er dir ganz persönlich zu sagen hat. Und du kannst dann die Wahrheiten, die im Wort Gottes über dich stehen, immer mehr erkennen und für dich annehmen und anwenden.

In dem Maße wie du IHM vertraust, kann Er die Segnungen des Bundes in deinem Leben wirksam werden lassen. Er hat es durch Christus schon für dich getan. Das Glaubensleben ist ein Leben des ständigen Empfangens von allem, was Gott für dich hat.

Erst wenn du am Ende deiner eigenen Kraft, deiner eigenen Vorstellungen für dein Leben angekommen bist, dann bist du das vollkommene Gefäß, der vollkommene Bündnispartner geworden, durch den die Kraft Gottes wirken kann. Wenn du dich Ihm bedingungslos zur Verfügung stellst, kann Er die Arbeit, die Er tun möchte, durch dich tun. **Er** tut es - nicht du! Dein Tun behindert Seinen Fluss.

Kolosser 3:15-17
Der Frieden der von Christus kommt, regiere euer Herz und alles, was ihr tut! Als Glieder eines Leibes seid ihr dazu berufen, miteinander in diesem Frieden zu leben. Und seid vollkommen dankbar gegenüber Gott!

Das ist deine Berufung, deine Aufgabe hier auf der Erde. Du bist dazu berufen, unter den Menschen den Frieden Christi zu repräsentieren und dankbar zu sein. Das Wort Gottes soll dir bekannt sein, damit du anderen davon erzählen kannst. Die Worte, die du aus deinem Herzen sprechen lässt, sollen immer Gott die Ehre geben. Damit ehrst du den Bund, den Jesus für dich mit dem himmlischen Vater geschlossen hat.

Kolosser 1:12-14
Freut euch und dankt ihm, dem Vater, dass er euch das Recht gegeben hat, an dem Erbe teilzuhaben, das er in seinem Licht für sein heiliges Volk bereithält. Denn er hat uns aus der Gewalt der Finsternis befreit und hat uns in das Reich versetzt, in dem sein geliebter Sohn regiert. Durch ihn, Jesus Christus, sind wir erlöst; durch ihn sind uns unsere Sünden vergeben.

Danke Gott, denn nur wer dankbar ist erhält Segen. Preise Ihn mit Freude, denn Er hat dich aus dem Reich der

Finsternis in Sein wunderbares Licht berufen. Als zu Seinem heiligen Volk, der Gemeinde, gehörend, lebst du jetzt ein von allen Zwängen losgelöstes Leben. In diesem Neuen Bund will Gott dich von den Gebundenheiten, dem Joch das dich drückt, befreien. Wer Gott nicht dankt, der wertschätzt Ihn nicht. Jeder hat etwas wofür er Gott danken kann, fokussiere dich nicht auf das Negative. Es ist eine Entscheidung, die du treffen musst. Danksagung und Geduld verändert alles in deinem Leben zum Positiven.

Eine Endzeitprophetie kannst du im **2.Timotheus 3, Verse 1-5** lesen und sie wird dich an die Medienberichterstattung unserer Tage erinnern, denn das ist schon alles eingetroffen.

Diese Menschen sind undankbar und können in allem nur das Schlechte sehen. **„Hüte dich vor solchen Menschen!“** Sie infizieren dich schneller als du denkst! **„Ein wenig Sauerteig durchsäuert den ganzen Teig.“**

Die Bibel ruft uns immer wieder auf, Gott zu loben und zu preisen mit Gesang, Gebet und Taten. Nur ein dankbares Herz kann seine positive Einstellung bewahren. Dankbarkeit ist das einzig wirksame Gegenmittel. Bleib auf Jesus Christus fokussiert und dankbar. Du bist gesegnet durch deinen Bund mit Gott und hast schon deswegen immer einen Grund dankbar zu sein. Jesus hat gewusst, dass wir diese Waffe gegen den Feind brauchen, und Er hat es oft selbst gesagt, indem Er sprach: **„Ich danke dir, Vater, allezeit, dass du mein Gebet erhörst…“.**

Gebet ist einfach eine Unterhaltung mit Gott. Gott unterhält sich gern mit dir, denn dazu hat Er dich erschaffen. Er wollte von Anfang an in einer engen Gemeinschaft mit dir, Seinem Bündnispartner leben. Du bist jetzt hier auf der Erde an Christi statt, Sein geliebter Sohn, Sein geliebtes Kind. Wird ein Kind nicht seinen Vater schätzen und lieben, mit ihm Gemeinschaft haben wollen? Gott ist nicht nur dein Bündnispartner, Er will auch dein liebender himmlischer Vater sein. Willst du Ihn annehmen?

Dann sprich folgendes Gebet laut hörbar nach:

Herr Jesus Christus, ich komme jetzt zu Dir. Ich glaube, dass ich Dich als meinen Erretter und Bündnispartner in meinem Leben brauche. Du hast all meine Sünden hinweggenommen und bist für diese Gemeinschaft mit mir gestorben und von den Toten auferstanden. Ich lade Dich jetzt ein, komm in mein Herz und sei von nun an mein mich liebender Vater.
Danke, dass ich jetzt Dein Sohn bin und auf ewig zu Deiner Familie gehöre. Amen.

Ich gratuliere dir, du hast jetzt die wichtigste Entscheidung in deinem Leben getroffen. Nun bist du „von oben wiedergeboren“. Dein gefallener Geist ist durch den Geist Gottes ausgetauscht worden und nun bist du zu einem Mitglied der himmlischen Familie Gottes geworden.

Wenn du diese Entscheidung getroffen hast, dann fang an und sprich mit Gott jeden Tag über alles was dich bewegt. Suche dir dafür eine stille Zeit, die dir am besten taugt, während der du mit Ihm kommunizieren kannst. Er lässt sich finden, wenn wir Ihn suchen. Du wirst nie mehr wieder derselbe sein, denn Sein Geist in dir, der Heilige Geist, kann von nun an durch das Wort Gottes wirksam werden und Er verändert dich immer mehr in Sein Ebenbild. Du gehst nun von Sieg zu Sieg, von Kraft zu Kraft und von Herrlichkeit zu Herrlichkeit.

2. Das Erlösungswerk

Es wird als dreifaches Erlösungswerk bezeichnet, denn Christus hat dich nicht nur von der Sünde erlöst, sondern auch von Krankheit und Armut.

Da aber in den Kirchen nur von Sündenerlösung gepredigt wird und keiner mehr die Befreiung von Krankheit und Armut mutig verkündet, also einfach diese Grundlagen des Erlösungswerkes weglässt, ist der gläubige Christ unter dem Fluch, wie er in **Offenbarung 22:19** steht und weiß das in den wenigsten Fällen nicht einmal. Woher denn auch? Und wie lautet der Spruch: „Unwissenheit schützt vor Strafe nicht". Biblisch ausgedrückt heißt es, mein Volk geht zu Grunde aus Mangel an Erkenntnis.

Offenbarung 22:19
Und wer etwas von diesen prophetischen Worten wegnimmt, dem wird Gott auch seinen Anteil am Baum des Lebens und an der Heiligen Stadt wegnehmen, die in diesem Buch beschrieben sind.

Als Jesus auf der Erde war, waren die Menschen von ihrer gefallenen Natur noch nicht erlöst, deshalb ging Er zu ihnen und heilte sie. Oft speiste Er sie auch, und was Er noch alles für sie tat, wissen wir im Einzelnen gar nicht. Auf alle Fälle kümmerte Er sich immer rührend um die

Menschen, die von Ihm etwas empfangen wollten, die sich nach Hilfe ausstreckten.

Heute als ein von oben wiedergeborener Christ hast du selbst die Macht erhalten, gegen die Krankheit zu sprechen. Deine neue Natur, die du durch Jesus in dir aufgenommen hast, ist jetzt gerecht. Also hast du das legale Recht auf Gesundheit erhalten. Aufgrund deiner neuen erretteten Natur bist du bereits geheilt. In dem Maße, wie du dein Denken mit göttlicher Gesundheit schulst, kannst du hier auf der Erde sehr gesund leben. Ebenso sieht das mit Wohlstand aus. Gott versorgt Seine Kinder mit allem was sie zum Leben brauchen. Wer jedoch darüber keine Lehre bekommen hat, wird das nur schwerlich bis gar nicht erleben, weil er darüber keine Erkenntnis hat.

Ich möchte das mal von einer ganz anderen Seite belichten. So wie du dich um die weltlichen Dinge selbst zu kümmern hast, musst du dich auch im Glauben selbst bemühen, um all den Nutzen genießen zu können, den Christus für dich am Kreuz schon bezahlt hat. Bezahlt mit Seinem Blut und mit Seinem Leben. Auch in deinem Leben trägt dir keiner das Geld oder die Informationen, die du benötigst, hinterher. Du musst schon selbst aufstehen und etwas dafür tun. Im Glauben ist es um einiges leichter, denn du musst die Informationen, die uns Christus durch den Geist Gottes in der Bibel hinterlassen hat, einfach nur im Glauben annehmen. Du kannst allerdings nur annehmen worüber du Erkenntnis hast. Die wahre Erkenntnis wird dein Leben vollkommen verändern, wenn du das willst. Denn der Wille des Menschen ist sein Königreich. Gott ist ein Gentleman. Er zwingt niemanden zu irgendwas. Er sagt: „Freiwillige bitte vor“.

Markus 2:9
Was ist leichter zu sagen: „Dir sind deine Sünden vergeben“ oder zu diesem Gelähmten zu sagen: „Sei geheilt!“?

Natürlich ist es leichter zu sagen, deine Sünden sind dir vergeben, denn du kannst das nicht nachweislich sehen. Wohingegen bei Heilung schon ein sichtbares Ergebnis erwartet wird. Wenn sich aber die Heilung nicht sofort sichtbar manifestiert, und das tut sie sogar ziemlich oft nicht, entsteht gleich Unglaube und negatives Gerede.

Warum ist jemand, der beispielsweise unter Depressionen leidet, nicht sofort frei davon?

Dein Geist ist sofort vollkommen, nachdem du das Gebet der Errettung gesprochen hast. Die Seele und der Körper sind aber noch dieselben, sie brauchen eine Erneuerung durch das Wasserbad des Wortes. Dein Körper ist der neutrale Teil in dir, er folgt deinen Gedanken, seien sie nun gut oder schlecht. Also ist die Seele, in der deine Gedanken, deine Sinne und dein Herz verankert sind, der Teil von dir, der, solange du hier auf der Erde lebst, einer beständigen Erneuerung bedarf. In dem Moment, wo du damit aufhörst, gehst du schon wieder in die Welt zurück, ins Negative.

Wenn du auf deine Gefühle hörst und nicht auf den Geist, fährst du permanent Achterbahn.

Körper - Seele - Geist, das ist die falsche Richtung!

(In deiner Seele sind verankert: Gefühle, Gedanken, Verstand und Herz, also die Sinneserkenntnis)

Geist - Seele - Körper, das ist die richtige Richtung!

Der Körper ist das neutrale ausführende Glied. Die Seele ist das Glied, welches ständig erneuert werden muss, solange du auf der Erde lebst. Sie unterliegt vielen verschiedenen Einflüssen und du bist ihr hilflos ausgeliefert, wenn du nicht lernst sie zu regulieren. Aber Gott sei Dank, Jesus hat dir eine einzigartige Hilfe erkauft, den Heiligen Geist. Wenn du dich von Ihm lehren lässt, kannst du deine Seele sehr gut in den Griff bekommen und erlebst immer mehr, welch gute Auswirkungen das in deinem Leben hat.

Dein „Glaube an Gott" wird nicht dadurch aktiviert, was du tust. Oder dadurch, welche Bettelgebete du zu Gott schickst. So nach dem Motto: „Oh, Herr, hilf mir doch, dass sich mein Mann (oder wer auch immer) verändert…".

Dein Glaube ist nur und ausschließlich auf dem Erlösungswerk Jesu Christi gegründet, auf dem, was du erkennst und für dich annimmst und wonach du lebst. Deinen Anteil an Arbeit hat Jesus für dich bereits erledigt, du kannst jetzt in vorbereitete Werke und auf vorbereiteten Wegen gehen. Du handelst jetzt aus Glauben und nicht aus Taten. Dein Anteil ist: **„Glaube nur!“** Doch du musst dich schon selbst danach ausstrecken, sonst hast du keine Ergebnisse, denn von nichts kommt nichts. Das Wort Gottes fordert dich nicht umsonst auf, ein Täter des Wortes zu sein. Das klingt im ersten Moment widersprüchlich, doch bei genauer Betrachtung erkennst du den Unterschied, denn Glaube ist kein Werk, sondern eine Entscheidung im Herzen.

Jesus hat Seinen Auftrag am Kreuz erfüllt, damit du dieses Geschenk für dich annehmen kannst, indem du anerkennst, dass Er es auch für dich getan hat. Gott ruht seit dem sechsten Schöpfungstag von Seinem Werk. Es war bereits damals ein vollkommenes Werk. Durch den Sündenfall wurde jedoch alles durcheinandergebracht. Doch Gott sei Dank kann der Plan Gottes durch nichts und niemanden vereitelt werden. Jesus hat alles wieder ins Lot gebracht. Wer nun zu Ihm kommt und glaubt, der darf jetzt in Seinem Werk ruhen. Heißt das, du kannst dich jetzt auf die faule Haut legen und brauchst nicht mehr zu arbeiten? NEIN, ganz sicher nicht. Aber du kannst jetzt den anstrengenden Teil abgeben, denn du musst deinen Lebensunterhalt nicht mehr im Schweiße deines Angesichts verdienen. Das war für die Menschen im Alten Bund! Nicht für dich als Sohn oder Tochter

Gottes! Jesus hat für dich geschwitzt im Garten Gethsemane. Von allem, was Jesus getragen und ertragen hat, bist du bereits befreit. Du ruhst in Seinem vollendeten Werk! Du vertraust dich Ihm vollkommen an. Wer geht in diese Ruhe ein?

Hebräer 4:3
Wir gehen in die Ruhe ein als die, die geglaubt haben, ...

Was ist also nötig, um in diese Ruhe eingehen zu können? GLAUBE.

Es ist so einfach! Weil es einer schon für dich getan hat. Wer in Seine Ruhe eingeht, der ruht auch von seinen eigenen Werken. Das bedeutet zuzulassen, dass Gott Seine Werke in deinem Leben tun bzw. zustande bringen darf. Dazu brauchst du nur zu vertrauen. Vertrauen bedeutet zu glauben, dass Gott es richtig macht. Glaube ist nun mal eine übernatürliche Wirksamkeit, die du mit deinen Sinnen nicht wahrnehmen kannst. Heißt das, wenn du unruhig bist oder krank, dass du dann nicht glaubst?

Nein, ganz sicher nicht! Denn jeder Glaubende hat DAS Maß an Glauben bekommen! Warum also klappt dann dieses oder jenes bei dir nicht? Weil du zu viel Unglauben zulässt. Du siehst oder hörst dir noch zu vieles an, was deinen Glauben neutralisiert. Unglaube vernichtet Glauben. Wie bei einer mathematischen Aufgabe: 1 - 1 ergibt 0.

Hebräer 3:12
Seht zu, Brüder, dass nicht etwa in jemandem von euch ein böses Herz des Unglaubens sei ….

Unglaube macht dein Herz hart und es wird Gott gegenüber resistent. Es ist so eklatant wichtig, womit du deine Gedanken, deine Ohren und Sinne füllst!

Die übernatürliche Realität muss für dich als, von oben wiedergeborener Christ dein „zu Hause" sein, in deinen Gedanken an erster Stelle stehen, in Fleisch und Blut übergegangen sein. Nur dann können all die Verheißungen, die dir das Blut Jesu teuer erkauft hat, in deinem Leben hervorkommen.

ÜBER-NATÜRLICH - das Übernatürliche - muss ÜBER dem NATÜRLICHEN stehen!

Das Nichtseiende rufen, wie wenn es da wäre. Das ist Glaube: Die Dinge, die du nicht sehen oder wahrnehmen kannst, auszusprechen, zu rufen, dafür zu beten, darum zu bitten und dann so zu leben, als ob sie schon da wären. Du bringst das Nichtseiende ins Sichtbare, indem es durch dein Sprechen kreiert wird. So hat Gott die Welt erschaffen, indem ER sprach und dann war es. Im **1.Buch Mose Kapitel 1 Verse 3, 6, 9, 11, 14, 20, 22, 24, 26, 28, 29** kannst du sehen, wie der Glaube Realität schafft, indem er spricht. So kreieren wir gemäß dem Wort Gottes die Dinge aus dem übernatürlichen Bereich, die wir brauchen. Und der Wille Gottes für unser Leben ist in der Bibel, in Seinem Wort, zu finden.

Je mehr du dich mit deiner neuen Natur beschäftigst und sie in die Tat umsetzt, desto realer wird für dich deine neue göttliche Natur und desto öfter erlebst du übernatürliche Manifestationen in deinem Leben.

Wie kommt die göttliche Natur in dir hervor? Indem du bekennst, wer du durch Christus bist und was Er für dich erkauft hat. Immer und immer wieder aufs Neue. Das ist wie beim Autofahren. Nach viel Übung wird es zum Automatismus und du schaust nicht mehr zum Boden runter, wo sich die Pedale befinden. Du trittst sie automatisch.

Wenn du weißt, dass du durch Jesus Christus aus Gnade gerecht gemacht bist, dann wird es für dich selbstverständlich, dass du deiner neuen Natur entsprechend siehst, hörst und handelst. Daran lass keinen Zweifel mehr! Denn der Zweifel raubt den Glauben!

Auch wenn du mal etwas machst, dass nicht ganz ok ist, darfst du dir aufgrund dieses Fehlers nicht erlauben, dass dir deine „angeborene Gerechtigkeit“ durch anklagende Gedanken aberkannt wird! Du bist und hast trotz allem den Stand eines Gerechten. Deine Gerechtigkeit ist unumkehrbar. Dein Segen ist unumkehrbar. Was Gott gesegnet hat, soll und kann der Mensch nicht fluchen.

Außer dir selbst klagt dich niemand an. Im Himmel werden keine Fehler vorgehalten.

Gott segnet alle Menschen, die Seinem Sohn Jesus Christus die Ehre in ihrem Leben geben und durch Ihn ein wohlgefälliges Leben führen. Was gefällt Ihm wohl? Wenn wir für alles dankbar sind, was Jesus für uns bereits getan hat. Setze dein Vertrauen auf Ihn, genieße dein Leben mit Ihm. Dieser Segen gehört dem Gläubigen und Gott wird ihn nie mehr von uns wegnehmen. Gesegnet zu sein in all unserem Tun ist jetzt unsere neue Natur!

Im Alten Bund lag der Segen nur auf dem Menschen und er konnte wieder entfernt werden, wenn Gott es wollte. Doch bei dir im Neuen Bund ist das völlig anders, du bist selbst der oder die Gesegnete. Du müsstest den Heiligen Geist schon willentlich aus deinem Leben verbannen, um deinen Segen zu verlieren. Wir haben einen so viel besseren und erhabeneren Bund durch Jesus. Einen unantastbaren, ewig währenden Bund. Seine Gnade bleibt für alle Zeiten bestehen. Danke Herr Jesus. Das alles gehört zum Erlösungswerk dazu. Auch wenn du das noch nie gehört hast, es bleibt und ist trotzdem die Wahrheit.

Das Erlösungswerk ist ein Werk, das Jesus vollbracht hat, um die Menschen für immer von ihrer gefallenen Natur zu lösen. Gott hat Seinen Sohn für dieses Werk geopfert, denn es gab sonst niemanden, der die Anforderungen dieses Werkes hätte erfüllen können. Gott wollte dem gefallenen Menschen die Möglichkeit zurückgeben, sich auf freiwilliger Basis zu entscheiden, ob er mit Gott oder ohne Gott sein Leben auf der Erde verbringen möchte.

Gott segnet uns nicht auf Grund unserer Werke, sondern auf Grund dessen, was Jesus getan hat und unseren Glauben daran. Er ist die Lösung für das Werk gewesen. Wenn du errettet bist, ist dein Schuldschein auf ewig vernichtet und du kannst jetzt in diesem vollkommenen Werk ruhen.

3. Das Geheimnis des Glaubens

Kolosser 1:26,27
Ihr habt erfahren was von Anfang der Welt, was allen Menschen vor euch verborgen war: ein Geheimnis, das jetzt allen Gläubigen enthüllt worden ist. Ihnen wollte Gott zeigen, wie unbegreiflich und wunderbar dieses Geheimnis ist, das allen Menschen auf dieser Erde gilt: Christus lebt mitten unter euch. Er hat euch die Hoffnung auf die Herrlichkeit Gottes geschenkt.

Das **Geheimnis** ist so simpel wie effektvoll: Christus lebt in mir!

Wie kann Christus in mir leben? Indem ich ein einfaches Gebet der Errettung spreche und Ihn einlade, in mein Herz zu kommen und der Herr meines Lebens zu werden.

Die Bibel spricht davon im **Römer Brief Kapitel 10 Vers 9: Denn wenn du mit deinem Mund bekennst: Jesus ist der Herr, und wenn du von ganzem Herzen glaubst, dass Gott ihn von den Toten auferweckt hat, dann wirst du gerettet werden.**

So einfach wird Jesus Christus dein Erretter und Erlöser, Heiler und Versorger.

Wenn du Ihn jetzt einladen möchtest, dann sprich jetzt hörbar nach:

„Herr Jesus, ich glaube, dass du der Sohn Gottes bist, dass du all meine Sünden ans Kreuz getragen hast und von den Toten auferstanden bist. Ich lade dich jetzt ein, komm in mein Herz und sei von nun an Herr meines Lebens. Danke Herr Jesus."

Wenn du das jetzt nachgesprochen hast, bist du von „neuem geboren", eine neue Schöpfung geworden, und du gehörst von nun an zur himmlischen Familie Gottes. Ich gratuliere dir, das ist die wichtigste Entscheidung, die du jemals in deinem Leben treffen konntest, denn dein Platz im Himmel ist jetzt gesichert.

Wenn du nun darüber hinaus noch mehr erleben willst, dann ergründe dieses Geheimnis, von dem hier die Rede ist, und du wirst mit Gott Dinge erleben, von denen du noch nicht einmal geahnt hast, dass es sie gibt.

Gott möge euch Mut und Kraft schenken und euch in der Liebe Christi zusammenhalten. Er schenke euch tiefes Verständnis, damit ihr die ganze Größe seines Geheimnisses erkennt. Dieses Geheimnis ist Christus. In ihm sind alle Schätze der Weisheit und Erkenntnis verborgen.

Was hat es mit diesem **Geheimnis** auf sich? Wenn ich in der Lage bin, das zu „sehen", was mit diesem **Geheimnis** gemeint ist, wird das mein Glaubensleben und mein ganzes Leben verändern! Gott lebt **in** mir.

Es geht ab jetzt nie mehr darum, was ich tue oder nicht tue, sei es nun gut oder schlecht, von nun an geht es nur noch darum, wer ich bin. Ich bin ein Gerechter durch Gott in mir. Jesus Christus hat mir das ermöglicht, Er hat mir dieses Geschenk angeboten. Es ist mein Stand, der Stand eines Gerechten, der mein Sein ausmacht und nicht meine Handlungen. Mein Handeln bestimmt nicht mehr mein Sein, wer ich bin. Mein Sein, wer ich bin, bestimmt von nun an mein Handeln! Gott liebt mich aufgrund dessen, wer ich geworden bin und nicht, weil ich etwas tue.

Das Kind eines Königs bleibt auch dann das Kind des Königs, wenn es mal etwas Falsches getan hat. Der verlorene Sohn durfte auch zurück zum Vater kommen. Gott ist gnädig mit mir, mehr als ich mir das vorstellen kann.

Wenn ich den Samen Gottes in mir habe durch die Neue Geburt, dann habe ich Seine Natur in mir und Seine Kraft. Mit dieser Fähigkeit ist mir alles möglich. Womit ich auch meinen Glauben verbinde, das wird mir gelingen. Ich bin in der Lage, zwischen Recht und Unrecht zu unterscheiden. Ich kann mich willentlich für das Gute oder das Böse entscheiden, doch ich wähle immer das Gute, denn ich will ja weder mir noch einem anderen Schaden zufügen. Und außerdem will ich die Gnade Gottes nicht missbrauchen, um schlechte Angewohnheiten weiterhin praktizieren zu können.

Gott ist Licht. Weil ich in den Machtbereich des Lichts versetzt bin, habe ich durch Jesus Christus Gemeinschaft mit Gott und erkenne die Wahrheit, nämlich, dass ich jetzt hier auf der Erde an Seiner Statt das Licht bin. Meine Realität ist Wahrheit. Ich habe den Heiligen Geist in mir und kenne die Wahrheit. Ich brauche niemanden, der mich belehrt, ich muss nur auf IHN hören. Er führt und leitet mich in alle Wahrheit.

Wer von Gott neues Leben bekommen hat und zu seinen Kindern gehört, der sündigt nicht; denn Gott hat ihm seine Kraft geschenkt, die in ihm wirkt.

Wer also keine Veränderung oder Verbesserung in seinem Leben wahrnehmen kann, nachdem er Jesus Christus als seinen Herrn angenommen hat, der lässt IHN nicht Herr sein und lebt weiterhin seinen eigenen Willen aus. Oder anders ausgedrückt, er ist ein fleischlicher Christ wie die Korinther es waren.

Denn unser Kampf ist nicht gegen Fleisch und Blut, sondern gegen Mächte und Gewalten des Bösen, die über diese gottlose Welt herrschen.

Der Kampf spielt sich nicht auf der sichtbaren Ebene ab, sondern er ist geistlicher Natur, er spielt sich in den Gedanken ab! Ich habe Anteil an diesem Kampf und zwar jeden Tag, denn ich muss mich gegen Unglauben, Entmutigungen und den Pessimismus dieser Welt behaupten. Wie schaffe ich das? Indem ich auf das fokussiere, wer ich in Christus bin.

Schaue ich auf Gott und vertraue Ihm von ganzem Herzen, geschehen positive Dinge in meinem Leben. Schaue ich auf die weltlichen Dinge und beschäftige mich mit den negativen Dingen, dann habe ich auch nur schlechte Ergebnisse. Es bedarf schon meiner Zustimmung, damit der Teufel etwas Negatives in meinem Leben tun kann, auch wenn das die meisten Menschen nicht wahrhaben wollen!

Jeder darf selbst aussuchen, in welchen Machtbereich er sich begibt. Es gibt nur zwei Machtbereiche: den der Finsternis und den des Lichts. Wo Licht ist da ist Jesus, der Helfer, der Ratgeber, der Tröster und der Verteidiger und natürlich auch der Heiler und der Versorger. Denn das alles hat Er schon für jeden von uns bezahlt und bereitgestellt.

Er führt mich aus allem heraus wo ich nicht sein will, genau wie die Juden aus Ägypten. Und ebenso versorgt Er mich und schaut auf mich, dass es mir in allem wohlergeht. Das ist mein Gott, mein Jesus, der liebende Vater, der sich um den Sohn kümmert auch wenn er noch so schräg geraten ist. Der Vater liebt den Sohn bedingungslos, selbst dann noch, wenn der vorher den größten Bock abgeschossen hat. Ich bleibe trotzdem Sein geliebter Sohn und zwar weil ich in IHM, in Seinem geliebten Sohn bin. Er liebt mich aufgrund meines Standes und nicht wegen meiner Taten.

Kolosser 1:26,27
Ihr habt erfahren was von Anfang der Welt, was allen Menschen vor euch verborgen war: ein Geheimnis, das jetzt allen Gläubigen enthüllt worden ist. Ihnen wollte Gott zeigen, wie unbegreiflich und wunderbar dieses Geheimnis ist, das allen Menschen auf dieser Erde gilt: Christus lebt mitten unter euch. Er hat euch die Hoffnung auf die Herrlichkeit Gottes geschenkt.

Was macht das Bekenntnis des Glaubens außerdem noch zu **einem Geheimnis**?

Wie kann **ein Geheimnis** noch geheim sein, wenn es doch allen Menschen gilt?

Weil der Glaube allein nicht ausreicht, um die Früchte der Errettung genießen zu können, denn nur der handelnde Glaube wird sichtbar. Welcher Handlung bedarf es, um ein Sohn Gottes zu werden? Ich muss meinen Glauben mit meinen Worten, also meinem Sprechen verbinden, damit das hervorkommt, was ich erleben möchte. Die hörbar gesprochenen Worte sind **das Geheimnis.**

Gott bestätigt SEIN WORT

Wenn mein Sprechen mit dem Wort Gottes übereinstimmt, mit dem was Gott dort über mich aussagt, kann Gott Seine Kraft fließen lassen. Seine Kraft fließt durch Seine Worte, die von mir ausgesprochen werden. Ich erhalte die Bestätigung durch die darauffolgenden Ergebnisse oder auch durch Zeichen und Wunder, wie es die Bibel ausdrückt. Dieses **Geheimnis** kennen einige Christen, doch ob sie es wirklich glauben, lässt sich an der Frucht ihres Lebens leicht erkennen. Haben sie das, was das Wort Gottes im **Galater Brief Kapitel 5 Verse 22 und 23** beschreibt?

Die Frucht hingegen, die der Geist Gottes hervorbringt, besteht in Liebe, Freude, Frieden, Geduld, Freundlichkeit, Güte, Treue, Rücksichtnahme und Selbstbeherrschung. Gegen solches Verhalten hat kein Gesetz etwas einzuwenden.

Das **Geheimnis** „Christus in mir“ gibt dir SEINE Fähigkeit, aus der Gnade die Frucht hervorzubringen, die nur durch die praktizierte Wahrheit erlebbar ist. Das heißt, durch das gesprochene und danach gehandelte Wort Gottes.

4. Das Brot zum Leben

Johannes 6:32

Das wahre Brot vom Himmel gibt euch jetzt mein Vater. Und dieses Brot, das vom Himmel kommt, schenkt der Welt das Leben.

Es gibt ein „wahres Brot“, das mit der Sättigung deines Leibes nichts zu tun hat. Der menschliche Geist braucht ebenso Nahrung wie sein Körper. Jeder Mensch verspürt früher oder später in seinem Leben, dass es da etwas in seinem Innersten gibt, dass auch nach Sättigung verlangt.

Woher kommt dieses Verlangen? Gott sagt in Seinem Wort, Er selbst hat den Menschen mit dieser Sehnsucht ausgestattet, damit jeder eines Tages anfängt Ihn zu suchen, seinen Schöpfer, seinen himmlischen Vater. Denn Er wollte viele Söhne haben, nachdem Er an Jesus, Seinem Erstgeborenen Sohn, Gefallen gefunden hatte. Er hat uns so erschaffen, damit wir in einer engen Beziehung zu Ihm leben sollen. Jedoch hat Er uns auch einen freien Willen gegeben, damit jeder selbst entscheiden kann, ob er diesem Ruf folgen will oder nicht.

Johannes 6:35

Ich bin das Brot des Lebens, wer zu mir kommt, wird niemals wieder Hunger leiden, und wer an mich glaubt, wird nie wieder Durst haben.

Du musst schon im natürlichen Bereich täglich deinem Körper Nahrung geben. Auch dein Geist ist so erschaffen, dass er täglich „Nahrung“ braucht. Du brauchst täglich die Gemeinschaft mit Gott, mit Seinem Wort, denn nur das speist deinen Geist. Du musst einfach nur mit Ihm sprechen, über alles weiß Er schon Bescheid, doch Er möchte es gerne von dir **hören**! Damit Er es hören kann, musst du sprechen, denn keiner kann Gedanken lesen oder hören! Gott kennt zwar deine Gedanken, doch **du** selbst musst hören was **du** sprichst, damit **dein Glaube** wächst. Denn der Glaube kommt vom Hören des Wortes Gottes!

Außer ein bisschen Zeit kostet es dich nichts, um diese Speise zu bekommen. Gott sehnt sich nach dir und nach dieser intimen Zeit mit dir. Er möchte dir vieles zeigen und sagen, das dich bewahren wird vor unnötigem Schaden und das dir großen Nutzen bringt, wovon du keine Vorstellung hast. Die Gebetszeit mit Gott ist nichts anderes als deine ganz persönliche Zeit mit Gott!

Dein Geist braucht dieses Brot, sonst verkümmert deine Seele und das wirkt sich auf deinen Körper aus, denn Geist - Seele - Körper sind eine Einheit. Und wenn einer dieser drei Bereiche nicht in Ordnung ist, dann wirkt sich das auf alle anderen Bereiche ebenso aus.

Johannes 6:27

Bemüht euch doch nicht nur um das vergängliche Brot, das ihr zum täglichen Leben braucht! Setzt alles dafür ein,

die Nahrung zu bekommen, die bis ins ewige Leben reicht. Diese Nahrung gibt euch der Menschensohn. Denn Gott hat ihn dazu bestimmt und ihm die Macht gegeben.

Heute nimmst du als gläubiger Christ die Stelle des Menschensohnes ein. Deshalb hat Er sich auch nicht als Gottessohn bezeichnen lassen, denn Er wollte deutlich machen, dass diese Aufgabe nach Seinem Tod und Seiner Auferstehung jetzt dir als Sohn Gottes beziehungsweise als wiedergeborener Christ übertragen ist. Er möchte, dass du diese Aufgabe übernimmst und ausführst. Hier ist die Rede von der himmlischen Nahrung, vom Wort Gottes, welches deinen Geistmenschen nährt.

Johannes 6:41
Ich bin das Brot, das vom Himmel herabgekommen ist.

Über diese Aussage haben sich die Juden sehr empört, denn sie dachten ja zu wissen, dass Jesus der Sohn von Maria und Josef war, somit konnte Er doch nicht vom Himmel herabgekommen sein.

Doch Jesus hat hier von Seiner geistigen Herkunft gesprochen, denn Er war ja göttlich und menschlich zugleich. Deshalb sagte Er, dass Sein Reich wie im Himmel so auch auf Erden existiert, denn den Himmel auf Erden tragen wir durch Jesus, unseren Erlöser, in uns. Das ist die Herrlichkeit Gottes, Gott selbst in sich zu haben durch den Heiligen Geist.

Dieses Brot des Lebens ist eine Sättigung, die mit nichts anderem, was es auf der Erde gibt, zu befriedigen ist. Satt zu sein heißt, zufrieden zu sein mit dem Zustand, in dem ich mich befinde, permanente Zufriedenheit. Gott hat gewusst, dass alle weltlichen Besitztümer nur eine begrenzte Zeitlang zufrieden stellen. Darum hat Er sich selbst angeboten, um dieses Verlangen nach Erfüllung in uns stillen zu können. Nur Er ist vollkommen und macht die vollkommen, die Seinen Sohn Jesus als Herrn und Erlöser annehmen, um durch Ihn mit Ihm Gemeinschaft zu pflegen. Die Quelle des Lebens ist Gott. Wen dürstet, der muss zu Ihm kommen. Deinen Hunger kann nur das Wort Gottes stillen, denn Gott selbst ist das Wort und die Gemeinschaft mit Ihm ist das, was deinen Frieden herstellt.

5. Freigekauft vom Gesetz

Galater 4:3-5

Genauso war es auch bei mir: Als ich noch unmündig war, war ich den Vorstellungen unterworfen, die in dieser Welt herrschen, und war ihr Sklave. Doch als die Zeit dafür gekommen war, sandte Gott seinen Sohn. Er wurde als Mensch von einer Frau geboren und war dem Gesetz unterstellt. Auf diese Weise wollte Gott die freikaufen, die dem Gesetz unterstanden; wir sollten in alle Rechte von Söhnen und Töchtern Gottes eingesetzt werden.

Das Gesetz repräsentiert die Gefangenschaft. Wenn ich in einem Land lebe, in dem ich als Sklave geboren werde, obwohl ich mir das nicht aussuchen konnte, sozusagen unverschuldet, und nun einem Menschen begegne, der aus einem anderen Land kommt, der Freundschaft mit mir schließt und mich dann zu sich in sein Land mitnehmen möchte, dann muss er mich erst einmal freikaufen. Wenn er den Preis bezahlt hat, bin ich frei und zwar so frei, dass ich von nun an die gleichen Rechte habe, wie sie in dem Land gelten, in dem ich von nun an wohnen werde. Mir ist die Freiheit erkauft worden.

Das Gesetz wurde am Berg Sinai auf Steintafeln übergeben. Die Buchstaben wurden in Stein geschrieben. Stein hat kein Leben in sich. Es ist genau dieser Buchstabe, der tötet. Denn wenn du ihn zu halten versuchst, kostet er dich deine eigene Kraft, dein Leben.

Das Gesetz zeigt dir nur auf, wie es nach Gottes Willen gerecht wäre zu leben, aber es ist zu komplex, um es jemals halten zu können. Dafür war es auch nicht gedacht, sondern einzig und allein dafür, um zu erkennen, dass du den Erlöser Jesus Christus brauchst. Denn nur der Geist macht lebendig, das Gesetz verlangt Unmögliches von dir. Du kannst es nicht erfüllen, es verdammt dich, es verklagt dich, es tötet dich.

Das Gesetz verlangt immer eine Tat. Der Glaube verlangt dein Vertrauen in Christus.

Christus ist gekommen, um das Gesetz zu beenden, den Alten Bund zu beenden und den Neuen Bund zu gründen und zwar auf dem zu gründen, was Er am Kreuz von Golgatha vollbracht hat, bezahlt hat, damit Er jeden Menschen freikaufen konnte. Jeden! Der Preis dafür war Sein Leben, Sein Blut, das Er vergossen hatte, damit ein für alle Mal allen Forderungen des Gesetzes Genüge getan wurde durch Sein Opfer am Kreuz.

Du kannst jetzt die Kraft Gottes in deinem Leben erleben, wenn du deinen Glauben auf das gründest, was Er für dich getan hat. Er hat dich errettet vom ewigen Tod, erlöst von Krankheit und freigekauft von Armut. Er ist dein himmlischer Versorger, dein Gott und Vater, und Sein Name ist Jesus Christus. Er hat dich durch dieses Erlösungswerk gerecht gemacht vor Gott. Keiner hat es verdient, aber jeder, der es annimmt, kann auf der Erde schon in diesen Segnungen leben. Alle Ehre dafür gebührt Jesus, dem Herrn.

Auch von der Sünde bist du freigekauft. Sie kann nicht mehr über dich herrschen, denn du bist frei vom Gesetz, das dich bisher schuldig gesprochen hat. Doch jetzt bist du im Neuen Bund unter der Gnade und für die Verfehlungen, die dein fleischlicher Mensch noch verursachen mag, gibt es noch mehr Gnade.

Siehe **Römer 6:14**
Denn die Sünde wird nicht über euch herrschen, denn ihr seid nicht unter Gesetz, sondern unter Gnade.

Jesus hat für dich und mich am Kreuz von Golgatha das Gesetz erfüllt, indem Er alle seine Forderungen erfüllt hat. Dazu musste Er auf die Erde kommen, um uns alle davon zu erlösen, denn kein Mensch wäre oder ist dazu in der Lage, die Forderungen des Gesetzes zu erfüllen. Jetzt darfst du für dich ganz legal den Titel als Gerechtigkeit Gottes in Anspruch nehmen, denn du bist es durch Jesus Christus. Und weil du gerecht gemacht bist, bist du auch würdig gemacht, Sohn Gottes zu sein. Von nun an bist du frei zu handeln und zu wandeln, wie es dir Jesus vorgelebt hat, als Er als Menschensohn auf der Erde war.

Mach dir bewusst, wer du jetzt in Christus bist, welche Autorität du jetzt hast und fühl dich frei, danach zu leben.

6. Glaube der mich schützt

Wir leben in der biblischen Endzeit. Wer die Bibel kennt weiß, wieviel sich davon schon erfüllt hat und was noch kommen muss, weil das Wort Gottes eine sich selbsterfüllende Prophetie ist.

Muss ich mich jetzt vor der Zukunft fürchten? NEIN!!! Auch die Lösung für **ein Leben ohne Furcht** steht exakt niedergeschrieben.

Ein Leben ohne Furcht ist für denjenigen vorherbestimmt, der dem Wort Gottes glaubt und der weiß, dass Jesus der Retter der Welt, das fleischgewordene Wort ist, Gott selbst, der als Mensch auf die Erde kam, um die Menschheit vor ihrer völligen Vernichtung zu erretten. „Wie im Himmel so auf Erden". Und eins steht fest: Im Himmel gibt es keine Furcht!

Lukas 8:15
Bei mir jedoch ist es wie mit der Saat, die auf guten Boden fällt. Mit aufrichtigem und bereitwilligem Herzen höre ich das Wort; ich halte daran fest, lasse mich nicht entmutigen und bringe Frucht.

Mein Herz muss dazu die rechte Einstellung haben, das Wort Gottes willig zu lesen und zu sprechen, damit mein Glaube nicht müde oder gar träge wird. Die Dinge, die in der Bibel über mich stehen, muss ich mutig aussprechen, sie für mich bekennen und in Anspruch nehmen. Ja, ich selbst über mich. Denn durch das Hören des Wortes Gottes durch meine eigene Stimme wird mein Glaube nun mal am meisten gestärkt.

Wenn ich da nicht nachlasse, dann kann bei mir der gesäte Same Gottes, Sein Wort, Wurzeln schlagen. Und wenn ich das Wort Gottes dann noch über einen längeren Zeitraum laut ausspreche, kommt auch die gewünschte Frucht langsam hervor, die ich selbst in mich gesät habe. Lass die Gemeinschaft mit dem Herrn zu deiner täglichen Gewohnheit werden. Die Botschaft, die in mein Herz fällt, bringt Glauben hervor und der Glaube bewirkt eine Handlung. Es kommt immer nur das heraus, womit ich mich zuvor gefüllt habe. Eine gute Predigt des Pastors ist mit Sicherheit besser als eine schlechte Predigt. Letzten Endes wirst du selbst immer mehr erkennen, was wirklich die Wahrheit ist. Denn nur durch die Wahrheit, nämlich das wahre Evangelium, kommt gute Frucht hervor. Ohne Bewässerung auch keine Ernte, so einfach.

Lass dich nicht entmutigen, wenn am dritten oder vierten Tag noch keine Veränderung stattgefunden hat, unter **keinen Umständen,** denn die meisten Menschen geben nach 3 - 4 Tagen auf. Dein Anliegen, deine Einstellung dazu, muss sich jedoch erst einmal in dir selbst verändern bis es nach außen hin im Natürlichen sichtbar werden kann.

Fang an zu kämpfen mit den Waffen des Geistes und dem Namen, der über allen Namen steht. Es gibt keine bessere und effektivere Waffenrüstung.

Epheser 6:10-17
Nun noch ein letztes: Lasst euch vom Herrn Kraft geben, lasst euch stärken durch seine gewaltige Macht! Legt die Rüstung an, die Gott für euch bereithält; ergreift alle seine Waffen! Damit werdet ihr in der Lage sein, den heimtückischen Angriffen des Teufels standzuhalten. Denn unser Kampf richtet sich nicht gegen Wesen von Fleisch und Blut, sondern gegen die Mächte und Gewalten der Finsternis, die über die Erde herrschen, gegen das Heer der Geister in der unsichtbaren Welt, die hinter allem Bösen stehen. Deshalb greift zu allen Waffen, die Gott für euch bereithält! Wenn dann der Tag kommt, an dem die Mächte des Bösen angreifen, seid ihr gerüstet und könnt euch ihnen entgegenstellen. Ihr werdet erfolgreich kämpfen und am Ende als Sieger dastehen. Stellt euch also entschlossen zum Kampf auf! Bindet den Gürtel der Wahrheit um eure Hüften, legt den Brustpanzer der Gerechtigkeit an und tragt an den Füßen das Schuhwerk der Bereitschaft, das Evangelium des Friedens zu verbreiten. Zusätzlich zu all dem ergreift den Schild des Glaubens, mit dem ihr jeden Brandpfeil unschädlich machen könnt, den der Böse gegen euch abschießt. Setzt den Helm der Rettung auf und greift zu dem Schwert, das der Heilige Geist euch gibt; dieses Schwert ist das Wort Gottes.

Epheser 1:19
Mit was für einer überwältigend großen Kraft er in mir (dein Name), dem Glaubenden, am Werk ist.

Es ist die Auferstehungskraft, mit der Er hier am Werk ist. Steh halt endlich auf!!! Diese Kraft erweckt Tote zum Leben! Macht Kranke gesund, Gebundene frei und löst Besessene. Du hast diese Kraft in dir, durch den, der den Preis bezahlt hat. Wenn ich weiß, welchen Preis jemand für mich bezahlt hat, dann gebe ich mein Bestes, um ihn nicht zu enttäuschen beziehungsweise um ihm die gebührende Ehre zu erweisen, damit Sein Preis nicht vergebens war. Ich lasse mich nicht mehr auf die finsteren Machenschaften des Feindes ein. Ich lasse mich nicht von weltlichen Dingen verführen beziehungsweise schenke ihnen mehr Aufmerksamkeit als dem, der für mich bezahlt hat, damit ich zu Ihm gehören darf. Es ist der Stolz, der den Fluss der Gnade abhält zu fließen; er kann nur da fließen, wo wir Gott mit der Demut begegnen, die Ihm gebührt.

Die Macht der Finsternis ist der Stolz, er steht an allererster Stelle. Gut getarnt schleicht er sich immer wieder ein und bis wir es bemerken, haben wir den Köder schon geschluckt.

Aber du kennst die Waffe, die dich davor schützt: Ein dankbares Herz kann nicht stolz sein.

Ich setze den Helm ein, der meine Gedanken schützt, und reiße alles nieder, was sich gegen Gott und Seine Wahrheit erhebt.

Epheser 6:10: Ich lasse mich stärken durch Seine gewaltige Macht, ich lasse mir von der Kraft Jesu geben, aber die Rüstung zur Verteidigung muss ich selbst anziehen, das heißt anwenden. Die Kraft kommt von Gott, aber den Schalter anknipsen muss ich!!! Denn ich habe schon alles, was ich brauche. Mehr gibt's nicht!

Das Heer der Geister, die in der unsichtbaren Welt hinter allem Bösen stehen, greifen dich immer in deinen Gedanken an. Wenn nicht du selbst dagegen aufstehst, wird und kann es kein anderer tun! Niemand ist autorisiert, deinen Willen zu übernehmen, nicht einmal Gott. **Was hat sie gesagt? Nicht einmal Gott?** Ja, Gott will nur diejenigen, die mit einem willigen, gehorsamen Herz zu Ihm kommen. Wie der Zöllner Matthäus!

Deine Waffe ist das Wort Gottes. Setze es ein. Alle Macht ist dir gegeben.

Epheser 6:14: Den Gürtel der Wahrheit trägst du um die Lenden, sie schützen deine Nieren und die Nieren sind der Sitz deines Gewissens. Erkenne die Lügengedanken und weise sie schon im kleinsten Ansatz von dir, denn das Wort sagt, alles was sich gegen die Wahrheit erhebt, das erhebt sich ja auch gegen Gott. Reiß die falschen Gedankengebäude nieder.

Den Brustpanzer brauchst du zum Schutz deines Herzens, welches ja schon in vollkommener Gerechtigkeit neu erschaffen ist. Jesus hat es ausgetauscht. Dort ist der Sitz für den Glauben und die Liebe. Der Feind will dein Herz verletzen und, ganz ehrlich, oft ist dein Feind dir näher als du denkst und die Allerliebsten wissen am besten, wie man dein Herz verletzt. Wenn du jedoch in der göttlichen Liebe gewurzelt und gegründet bist, dann ist dein Brustpanzer ein Schutz für dein Herz. Er schützt dich, denn du lässt die Brandpfeile am Panzer abprallen. Lass sie nicht eindringen. Wie geht das?

Epheser 6:17: Mit dem Helm des Heils, der deinen Kopf beziehungsweise deine Gedanken schützt. Verletzen kann dich nur der Gedanke, den du weiterdenkst! Alle giftigen Gedanken kannst du mit dem Wort Gottes abwehren, indem du deine Vollmacht mit dem Wort Gottes einsetzt und diese falschen Gedankengebäude niederreißt und sie unter den Gehorsam des Namen Jesu Christi setzt. Denn wie die Bibel es im **2.Korinther Kapitel 10, Verse 4 - 5** sagt; erheben sie sich gegen Gott und Seine Wahrheit über dich. Weil ich die Wahrheit über mich schon tief in meinen Gedanken verankert habe, schützt mich der Helm des Heils, indem ich gute Gedanken über mich denke und ausspreche.

Das tue ich indem ich sage: “Ich bin die Gerechtigkeit Gottes in Christus Jesus. Ich bin innigst geliebt, hoch begünstigt und reich gesegnet. Ich weiß, dass Gott mich liebt". Das sind Worte der Wahrheit und in Liebe gesprochen bewirken sie genau das, wozu du sie ausgesandt hast.

Im Übrigen wird das Schwert, welches das Wort Gottes ist, immer trennen zwischen seelisch und geistlich, weltlich und göttlich, sichtbar und unsichtbar, natürlich und übernatürlich.

Das Wort Gottes ist voller Kraft und Leben. Es richtet über Gedanken und Wünsche unseres Herzens, ob sie göttlich oder weltlich motiviert sind.

Psalm 91 ist der Schutzpsalm. Gott hat uns einen Psalm zum Schutz gegeben, denn Er hat gewusst, dass der Tag kommt, an dem wir ihn brauchen werden.

Sprich diesen Psalm mal eine lange Zeit jeden Tag für dich und deine Lieben. Er wird dich stärken und er wird deinen Glauben an Gottes Schutz für dich stärken und für die, für die du diesen Psalm mitsprichst.

Du kannst zum Beispiel am Schluss des Psalms hinzufügen: „Nun bin ich und meine Familie mit dem Schutz des **Psalms 91** beschützt."

7. Nur und ausschließlich Jesus

Wenn ich mein Leben Jesus übergeben habe, dann ist es nicht mehr mein Leben, sonst wäre die Lebensübergabe nur ein Lippenbekenntnis. Jetzt sagst du vielleicht: Naja, so kann man das nicht sagen, so ist das nicht zu verstehen. Nein, wirklich nicht? Wenn du das nicht so gemeint hast, warum erwartest du dann, dass alles andere was du sprichst so geschehen soll, wenn du darum bittest?

Merkst du, wie widersprüchlich das ist?

Entweder nur und ausschließlich Jesus, anders kann und wird es nicht funktionieren. Wenn ich etwas sage, jedoch gleichzeitig noch an meine Fähigkeiten glaube und somit nicht aus Christus heraus handle, dann ist es noch Selbstgerechtigkeit anstatt Abhängigkeit von Jesus. Auch hierbei lässt sich Jesus nicht mischen. Ein bisschen Jesus und ein bisschen ich.

Hebräer 8:8-12
Siehe es kommen Tage, da werde ich mit dem Volk Israel und dem Volk Juda einen neuen Bund schließen, nicht nach der Art des Bundes, den ich mit ihren Vätern machte an dem Tag, da ich ihre Hand ergriff, um sie aus der Gefangenschaft heraus zu führen, denn sie hielten sich nicht an meinen Bund und ich kümmerte mich nicht um sie. Denn dies ist der Bund, den ich mit dem Volk Israel errichten werde: Meine Gesetze gebe ich in ihre

Gedanken und werde sie auch auf ihre Herzen schreiben, und ich werde ihnen Gott und sie werden mir Volk sein. Und nicht werden sie ein jeder seinen Mitbürger und ein jeder seinen Bruder lehren und sagen: Erkenne den Herrn! Denn alle werden mich kennen, vom Kleinen bis zum Großen unter ihnen.

In diesem Bund ist dein Anteil nur noch die Annahme dessen, was Jesus Christus bereits für dich getan hat. Ab jetzt hast du Jesus Christus bevollmächtigt, dein Leben zu übernehmen. Entweder Neuer Bund und Jesus hat es für dich erfüllt oder Alter Bund und du musst es selbst erarbeiten.

Aber Gott sagt ganz deutlich, wähle den Neuen Bund, denn der ist viel einfacher für dich zu halten. Ich habe bereits alles in deine Gedanken und auf dein Herz geschrieben, damit du es halten kannst und auch niemanden fragen musst, ob das so richtig ist. Und wenn Ich dich übernehmen darf dann weißt du auch, wann sich etwas richtig oder falsch anfühlt. Du musst nur noch auf dein Herz, dein Gewissen hören.

Der Neue Bund beginnt mit seiner Wirksamkeit ab dem Tod von Jesus Christus. Ein Testament wird erst gültig, wenn dessen Verfasser gestorben ist. Die Gültigkeit des neuen Testaments beginnt mit deiner Auferstehung zur neuen Schöpfung in Christus Jesus. Das heißt, dein Neues Leben in Christus beginnt in der Bibel ab dem „Römer-Brief".

Ich habe ein Buch geschrieben mit dem Titel: „Das bin ich in der Bibel". Dort beginne ich im Römer-Brief mit dem neuen Leben als ein von oben wiedergeborener Christ. Du kannst dich dort als neue Schöpfung ganz einfach erkennen, denn ich habe alles, was dein Leben dort als neue Schöpfung betrifft, in der ersten Person Einzahl geschrieben.

Du hast Jesus gewählt und Er ist das Ende des Gesetzes. Du brauchst nur und ausschließlich Jesus für dein Neues Leben.

Paulus sagt, dass das Gesetz den Anschein hat gut zu sein, doch es ist nur für die Regulierung der äußeren Dinge, es regelt nur Werke. Gott möchte nicht deine Werke. Er möchte dich, deine Gesellschaft, Er möchte eine lebendige Beziehung mit dir. Nicht nur zehn Minuten in der Früh oder am Abend vor dem Zubettgehen, nein, ständig, den ganzen Tag über. Er möchte dein Partner sein, dein Helfer, dein Tröster, dein Verteidiger, dein Beschützer, dein Liebhaber, dein alles in allem!

Wer das Gesetz hält versagt ohnehin, ja er sündigt, denn er sagt, dass er dem Erlösungswerk, dem Blut Jesu Christi, noch etwas hinzufügen muss. Merkst du, wie stolz das ist?

Religion mit seinen Gesetzen sagt: „Fass das nicht an, probiere dies nicht aus, iss dieses und jenes nicht, gib den Zehnten, tue Buße, faste jede Woche …" und so weiter. Religion fordert immer Werke von dir und vermittelt dir unterschwellig, dass du noch etwas für Gott tun musst. Der Glaube jedoch spricht von dem, was Jesus für dich getan hat. Du musst nur noch annehmen was dir geschenkt wurde und was das Erlösungswerk alles beinhaltet.

Im Neuen Bund sagt Jesus, schau auf mich, wandle im Geist und du wirst die Begierden des Fleisches nicht erfüllen. Du brauchst dann nicht ständig versuchen, alles aus deiner eigenen Kraft und Fähigkeit zu tun. Es geht nicht um Buße, um deine Worte, um deine Werke, es geht um den Preis, den Jesus Christus mit Seinem Blut für dich bezahlt hat.

Kolosser 2:14

In Ihm haben wir die Erlösung, die Vergebung der Sünden.

Gott hat den Schuldschein eingelöst und auf ewig vernichtet. Ruhe in Jesu Erlösungswerk. Bleib in Christus zur Rechten des Vaters im Himmel sitzen und ruhe von deinen Werken. Sei nicht wie Martha, die so geschäftig war, dass sie das Wesentliche verpasst hat. Du brauchst dem Erlösungswerk nichts mehr hinzuzufügen.

Es ist alles vergeben. Durch Jesu Blut bist du gut und gerecht gemacht. Es geht nur und ausschließlich um Jesus! Wir haben die Errettung nicht verdient und wir werden uns auch sonst nichts hinzuverdienen können, denn das macht Sein Erlösungswerk ungültig. Ja, es lässt es sogar schäbig aussehen, so als ob noch jemand etwas Besseres daraus machen könnte. Wie arrogant ist das denn! Deshalb steht ja auch in den Offenbarungen, dass niemand etwas hinzufügen oder gar wegnehmen soll von diesen Worten des Evangeliums, der guten Nachricht. Jesus hat es für dich getan, füge du dem nichts hinzu! Es geht nur um das, was Er getan hat. Aus Liebe zu allen Menschen, die es nicht verdient haben.

Gott möchte, dass wir neben Ihm keine anderen Götter anbeten, keinen Götzendienst vollziehen.

Das Problem mit diesem Gebot ist, dass die meisten Menschen gar nicht wissen, was alles unter andere Götter anbeten und Götzendienst fällt. Die meisten Menschen würden sagen, ich bete sowieso keine anderen Götter an und Götzendienst betreibe ich auch nicht. Und gleichzeitig stellen sie in ihren Heimen Buddhas und andere goldene und sonstige Statuen asiatischen Ursprungs auf, lesen Horoskope, gehen zur Kartenlegerin und praktizieren rituelle, spirituelle Übungen, machen mit bei Halloween, gehen zum Austreiben der Wintergeister und verehren Menschen mehr als Gott. Die Bibel schreibt darüber ganz eindeutig, dass so etwas dem Herrn ein Greul ist.

Das ist nicht „nur und ausschließlich Jesus“, sondern dadurch werden Geistern dämonischen Ursprungs Tür und Tor geöffnet. Dann brauchst dich auch nicht darüber wundern, warum in deiner Familie, Ehe und Partnerschaft so vieles drunter und drüber geht.

Lies einmal, was in **5.Mose 18:9-14** über die Dinge steht, die dem Herrn ein Greul sind. Wenn du es dann weißt, dann tust du gut daran, diese Dinge nicht mehr in dein Leben hineinzulassen.

Nur und ausschließlich Jesus garantiert dir, dass du den Segen Gottes in deinem Leben haben wirst, alle Tage deines Lebens. Er ist der Gott, der dich sieht und liebt und versorgt und Er lebt in dir. Kein anderer Gott ist von den Toten auferstanden, um in Seiner Schöpfung zu wohnen. Jesus aber hat dich zur Wohnstätte im himmlischen Vater gemacht und du sitzt mit Ihm zur Rechten des Vaters an himmlischen Orten. Bereits jetzt schon, nicht erst, wenn du deinen irdischen Körper ablegst.

8. Wenn ihr nicht werdet wie die Kinder

Wenn ihr nicht werdet wie die Kinder, könnt ihr nicht zu Mir kommen (Mich nicht finden).

Zu werden wie ein Kind ist anfangs erschreckend, weil es Vertrauen braucht und das Zulassen von Berührung, Nähe und Liebe. Wenn ein Mensch diese Dinge lange Zeit nicht erfahren hat, wird er so hart, dass es Zeit benötigt und schmerzen wird, bis er wieder weich wird. Ein guter Hirte wird solchen Personen beistehen und sie mit allen Mitteln ermutigen, trotzdem diese neue Erfahrung zuzulassen.

Menschliche Hirten sind ohnehin nicht dazu berufen, über die Herde zu herrschen, sondern ihr als Ältere und Vorbilder zu dienen. Sie setzen alles daran, dass jeder für sich selbst die Beziehung mit dem „Wahren Hirten", welcher unser Herr Jesus ist, eingeht und praktiziert. **Mehr ist nicht nötig**. Dass Menschen Jahre und Jahrzehnte in Kirchen gehen und den Herrn dennoch kaum kennen und ihre Verantwortung ganz auf ihre Obersten abwälzen, ist eine schlimme Verfehlung, die das Evangelium zunichtemacht.

Als menschlicher Hirte weise ich immer auf Seine Fürsorge, Seine Führung und Seine Präsenz hin. Ich muss sie beständig daran erinnern, dass sie ihren Blick nie von

Jesus abwenden, damit sie den wahren Hirten sehen. Von mir muss eine Wachsamkeit ausfließen, die sie ständig an die Präsenz des Herrn erinnert. **Diese Aufgabe kann ich nur erfüllen, indem ich selbst in ständiger Gemeinschaft mit dem Heiligen Geist bleibe, unabhängig davon, wo ich gerade bin.** Die größte Gefahr ist die Ablenkung durch weltliche Dinge oder seelische Menschen. Hier ist höchste Vorsicht geboten, sich nicht auf die Sinneserkenntnis runterziehen zu lassen. Jesus ist den Menschen nie auf der Ebene der Sinne begegnet! Er war sich allezeit Seiner Herkunft „von oben" bewusst.

Der wahre Hirte nimmt Anteil am Menschsein und dient ihm, wie Gott es meint und wozu Er einen jeden zurückruft. Die Wege der Liebe zu verstehen und Menschen ein Stück weit darin zu ermutigen und zu begleiten, ist eine herrliche Sache. Sie erfordert allerdings, dass man bei sich selbst bleibt und den anderen weder kontrolliert noch sich an ihn verliert. Der Anblick anderer und ihrer Wege darf dich nicht so vereinnahmen, dass du dich selbst und deinen Weg verlierst und zum „hilflosen Helfer" wirst.

Aktionismus ist ein Fluch der heutigen Zeit, um dich permanent in Werke zu verstricken, die dich von der unbezahlbaren Gemeinschaft mit Gott und den Seinen abhält. Dieses falsche Helfertum kann einem Sog gleich sein, eine Sucht zu helfen, um sich selbst oder seine Situation zu umgehen. Und auch Jesus!

Kinder lassen sich vertrauensvoll von ihren Eltern führen ohne großartig zu hinterfragen, wohin die Reise geht, denn sie wissen sich in der Gegenwart des Vaters oder der Mutter geborgen, egal in welcher Situation oder an welchem Ort sie sind. Diese Haltung wünscht sich der Vater auch von Seinen Kindern. Kannst du Ihm vertrauen. Kannst du noch einmal werden wie ein Kind?

Versuche es, denn was kann mit Gott im Rücken schon schiefgehen? Werde ein David und besiege in diesem kindlichen Vertrauen deine Löwen, deinen Goliath, deine Berge. Was wäre das für eine Welt, wenn wir wie die Kinder nach jedem Streit sofort bereit wären zu vergeben, uns beim „Gegner" zu entschuldigen und gleich wieder weitermachen würden (weiterspielen), als wäre nichts geschehen.

Kinder nehmen jedes Geschenk sofort an ohne zu hinterfragen, warum oder von wem sie es bekommen haben.

Wie schwer tun sich „Ungläubige", Jesus Christus als Erlöser anzunehmen geschweige denn zu akzeptieren, wofür Er gestorben ist und das Wort Gottes als oberste Priorität zu akzeptieren. Einerseits laden sie Ihn ein, Herr ihres Lebens zu sein, andererseits können sie nicht annehmen, dass sie von dem Zeitpunkt an vollkommen gemacht sind in Ihm.

Kinder nehmen jedes Wort für voll, das sie von ihren Eltern oder Lehrern hören. Sie zweifeln nicht im

Geringsten, dass das die Wahrheit ist, ganz im Gegensatz zu den Erwachsenen, die das Wort Gottes nicht für voll nehmen.

Ist es da verwunderlich, dass Jesus diese Aussage machte: **„Wenn ihr nicht werdet wie die Kinder könnt ihr das Reich Gottes nicht sehen und auch nicht eintreten.“**

Kinder lassen sich wunderbar führen und solange es in der Liebe geschieht, gibt es von ihrer Seite auch keinen Widerstand.

Oh wie herrlich es ist, noch einmal Kind zu sein und die Welt mit Kinderaugen zu sehen, jeden so anzunehmen wie er ist. Groß, klein, dick, dünn, weiß, farbig, Deutscher, Menschen mit fremder Staatsangehörigkeit, gesprächig oder zurückhaltend, all diese Kriterien gibt es bei Kindern nicht, zumindest sind sie kein Anlass für irgendwelche Beschränkungen oder Hürden.

Kindern in Heilung zu dienen ist so einfach. Ohne nachzudenken nehmen sie einfach in Empfang, was Jesus für sie getan hat. Wenn du deinen Kindern oder Enkeln immer wieder die Hände auflegst, beispielsweise bei einem Husten oder Schnupfen, dann wirst du bald selbst erleben, wie sie für dich beten, wenn du irgendein Symptom hast.

Auch in einem Gottesdienst können sie ganz wunderbar die Präsenz des Übernatürlichen wahrnehmen und annehmen. Sie singen voller Begeisterung die Anbetungslieder für den Herrn Jesus. Keiner von ihnen überlegt, ob die Tonlage richtig ist, der Nachbar zu laut oder „falsch" singt, der Text passt oder nicht, deutsch oder englisch gesungen wird. Wir täten wirklich gut daran zu werden wie die Kinder, ohne kritische Gedanken, einfach Seine Gegenwart zu genießen und uns in Seiner Liebe zu baden.

„Wen dürstet, der komme zu mir," hat Jesus gesagt. Trinke in Seiner Gegenwart und lass dich auffüllen bis zum Überfließen, damit du auch für andere ein Genuss wirst.

Das kannst du im Übrigen auch zu Hause tun. Der Heilige Geist ist hoch erfreut, wenn wir uns für Ihn Zeit nehmen und uns von Ihm auffüllen lassen, durch das Lesen im Wort, das Hören von Botschaften oder das Beten in Sprachen. Wie auch immer deine bevorzugte Methode ist, Hauptsache aufgeladen werden.

Vertraue auf das Wort. So wie Kinder ihren Eltern oder Lehrern vertrauen, so sollten wir dem Wort glauben. Was das Wort über dich sagt ist die Wahrheit, nimm es einfach an und handle danach. Wenn es sagt, du bist fähig gemacht in Gesundheit oder Wohlstand zu leben, dann finde heraus wo das steht. Schreibe es auf, sprich es über dich aus, wiederhole es und denk drüber nach, zweifle nicht, halte solange daran fest, bis es hervorkommt.

Wie hartnäckig können Kinder sich etwas wünschen oder etwas einfordern. Sie lassen so schnell nicht locker und sie denken im Entferntesten nicht daran, ob der Papa das wohl bezahlen kann. Ein solcher Gedanke käme ihnen nie in den Sinn. Sie denken: „Mein Papa kauft mir das und fertig“.

Wir haben Gott als Vater und Er will uns auch all das erfüllen, was wir im Glauben einfordern, sofern es im Wort Gottes steht. Gott ist ein liebender Vater und Er möchte alle Seine Kinder gut versorgen. Werde also wie ein Kind, glaube nur und wünsch dir was!

9. Das Wort Gottes in rechter Weise lesen

Es ist wichtig, Bibelverse immer im Zusammenhang zu lesen. Viele Menschen legen Bibelverse falsch aus, weil sie genau das nicht tun. Eine Methode, Bibelverse in ihrem Zusammenhang zu lesen (und das ist ein Schlüsselprinzip in der Bibelauslegung) besteht darin, zu bestimmen, an wen die Verse gerichtet sind. Zu wem sprach Jesus in **Johannes 16:8**, wo geschrieben steht:

Und wenn er kommt, wird er die Welt überführen im Hinblick auf Sünde und im Hinblick auf Gerechtigkeit und im Hinblick auf Gericht.

Sprach Er über Gläubige oder über Ungläubige?

Als Er sagte, dass der Heilige Geist kommen würde, um die Welt von Sünde zu überführen, weil sie nicht an Ihn glaubte, wird deutlich, dass Er sich auf Ungläubige bezog, weil sie von „der Welt" sind. Und beachte, dass der Heilige Geist die Welt nicht von „Sünden" (Mehrzahl) überführt. Es ist nur eine Sünde (Einzahl), von der der Heilige Geist die Welt überführt, und das ist die Sünde, Jesus abzuweisen und nicht an Sein vollbrachtes Werk zu glauben.

Jesus starb für die ganze Welt, also für jeden Menschen. Deshalb sind sie in Seinen Augen alle tot, was bedeutet, dass jeder Mensch einen Erlöser braucht. Jeder Einzelne muss eine persönliche Entscheidung treffen, Jesus als seinen Erlöser zu empfangen. In einer christlichen Familie geboren zu sein, macht dich nicht automatisch zu einem wiedergeborenen Gläubigen, genauso wenig wie es dich zu einem Big Mac macht, wenn du zu McDonald's gehst oder zu einem Auto, wenn du in einer Garage sitzt. Nein, jeder muss eine persönliche Entscheidung treffen, Jesus als seinen Erlöser zu empfangen, um mit Gott in eine lebendige Beziehung treten zu können. Demnach ist der Heilige Geist da, um Ungläubige von dieser einen Sünde zu überführen. Aber wenn Menschen **Johannes 16:8** aus seinem Zusammenhang reißen, fangen sie fälschlicherweise an zu glauben, dass der Heilige Geist hier ist, um Gläubige von ihren Sünden zu überführen. Keiner von uns braucht auf diesem Gebiet Hilfe. Wir alle wissen, wann wir versagt haben.

Wenn der Heilige Geist dich, den Gläubigen, niemals deiner Sünden überführt, welcher Sache überführt Er dich dann?

Jesus sagt, dass der Heilige Geist dich von Gerechtigkeit überführt, dass Er zum Vater geht und wir Ihn nicht mehr sehen. An wen hat Jesus sich hier nun gewandt? Ganz klar wandte Jesus sich hier an Seine Jünger, zu denen Er gesprochen hat. Dies sagt uns, dass der Heilige Geist gesandt worden ist, um Gläubige von ihrer Gerechtigkeit zu überführen, von ihrer neuen göttlichen, durch Jesus

Christus erworbenen Natur. Denn der alte Mensch ist mit seiner alten Sündennatur durch Christus am Kreuz gestorben, als du Jesus, den Erlöser, in dein Herz eingeladen hast.

Bist du durch deine Werke oder durch Glauben an Jesus gerecht gemacht? Du wirst durch Glauben gerecht gemacht, denn Gerechtigkeit ist nicht richtiges Tun, sondern die richtige Stellung vor Gott bekommen zu haben auf Grund deiner richtigen Entscheidung.

Wenn du es also vermasselst kommt der Heilige Geist, um dich zu überführen und zu erinnern, dass Jesus Christus dich zur Gerechtigkeit Gottes gemacht hat. Er ist gegenwärtig, um dich an die Hauptaussage des Neuen Bundes zu erinnern, nämlich, dass Gott gnädig gegenüber deinen Fehlern ist und an deine Sünden und Gesetz-losigkeiten nicht mehr denkt.

Hebräer 8:12
Denn ich werde ihnen alles Unrecht vergeben und werde nie mehr an ihre Sünden denken.

Der Heilige Geist ist dein Helfer **(Johannes 14:16)**:
Und der Vater wird euch an meiner Stelle einen anderen Helfer geben, der für immer bei euch sein wird; ich werde ihn darum bitten.

Er wurde gesandt, um in dir zu leben und dir zu helfen, nicht um an dir herumzunörgeln und auf deine Fehler hinzuweisen. Niemand kann mit einem Nörgler zusammenleben. Der Heilige Geist ist kein Nörgler. Nein, Er wurde gesandt, um dir zu helfen, indem Er dich von deiner ewigen Gerechtigkeit überführt. Es zählt nur das, was Er für dich getan hat. Keiner hat es verdient, aber jeder kann sich für dieses Erlösungsgeschenk freiwillig entscheiden, ob er es annimmt oder ablehnt. Du kannst nur dann von einer Sache überführt werden, wenn du sie angenommen hast. Alles was du in der Bibel über den Sohn liest, liest du über dich. Du hast jetzt als Sein gerecht gemachter Sohn durch Jesus Christus die vollmächtige Position Seines Sohnes Gottes auf der Erde eingenommen. Alles was Sein ist, ist jetzt dein. Lies immer in diesem Bewusstsein, wer du geworden bist und vor allem lies immer aus der Perspektive, was Er für dich am Kreuz getan hat und um welchen Preis Er dich erlöst und eingesetzt hat.

Du bist die Gerechtigkeit Gottes - durch Jesus Christus bist du gerecht gemacht! Halleluja! Meditiere über diese Aussage Tag und Nacht und du wirst jede Niederlage in Sieg verwandelt sehen. Wenn du das glauben kannst, und der Glaube kommt vom Hören, also musst du dich das durch deine eigene Stimme ständig sagen hören, dann wirst du dermaßen „Christus in mir"-bewusst, dass dieses vollbrachte Werk Jesu in dir Gefühle hervorruft. Dadurch erhältst du eine emotionale Stabilität, die du jeden Tag genießen kannst. Was andere Menschen über dich denken oder sagen beeinflusst dein Selbstwertgefühl nicht mehr. Du bist frei von ihren Urteilen und du magst selbst auch niemanden mehr beurteilen oder gar verurteilen. Du bist frei, dein Leben aus der Liebe Jesu heraus zu führen und du kannst ganz urteilsfrei auf andere Menschen zugehen. Alles was du dann über dich lesen kannst, ist plötzlich im Licht eines Gebers und nicht mehr des Nehmers. Du brauchst niemanden mehr, der dich ständig ermutigt oder bekräftigt. Du weißt, wer du bist und welch unvorstellbar große Kraft in dir wirksam ist. Nämlich die Gnade in dir, die dich befähigt alles zu tun, was in der Bibel über den Sohn geschrieben steht.

Lies aus der Bibel, welch unfassbar geliebter Sohn du bist, welchen Rang und Stellenwert du vor dem himmlischen Vater hast. Gott der Vater, von dem alle Vaterschaft im Himmel und auf der Erde abstammt, sieht dich als den heimgekehrten, verloren geglaubten Sohn und Er jubelt über jedes Kind, das wieder nach Hause kommt.

Sei ein Geber, gib dieses unbeschreiblich gute Gefühl und Bewusstsein an andere Menschen weiter, die auch dringend jemanden brauchen und suchen. Sei der Geber, der ihnen diese frohe Botschaft überbringt, damit sie erkennen: *„Dieser geliebte Sohn, dass bin ja ich in der Bibel!"*

An dieser Stelle empfehle ich dir das Buch von mir mit dem Titel: „Das bin ich in der Bibel". Dieses Buch beschreibt dem Leser seine Position als Sohn in der Liebesbeziehung der Dreifaltigkeit. Das ermöglicht ihm, die durch Christus Jesus teuer erkaufte Herrschaft in seinem Leben selbst in die Hand zu nehmen und in ihr zu leben.

Wenn du verstanden hast, wer du als Sohn Gottes bist, dann verstehst du auch, was die Bibel zu dir ganz persönlich spricht. Dann kann dir niemand mehr erzählen, dass du noch ein Sünder bist oder dass du unwürdig bist und was du sonst noch alles in Gottes Augen bist oder nicht bist. Je mehr du liest, desto klarer verstehst du Gottes Wort, das zu dir, dem Sohn, spricht.

10. Denn Geben bringt Segen

Gott kam als Menschensohn-Jesus auf die Erde. Der allmächtige Gott selbst kommt zu dir, in Gestalt eines Menschen-Sohnes, um Sich selbst dir anzubieten. Er will dein Erlöser, Heiler und Versorger sein.

Er sagte zu Abraham: „Ich bin gekommen um dich zu segnen, um dich erfolgreich zu machen und um dein niemals endender Versorger zu sein."

Gott liebt es, Seine Söhne zu verwöhnen und bestens versorgt zu wissen! Gott braucht im natürlichen Bereich einen Samen - Geld -, damit Er darauf Seinen Segen legen kann, um dich in dem Bereich, wo du Mangel hast, zu begünstigen. Doch zuerst will Er im „geringsten Bereich" dein Vertrauen testen. Gott hat nämlich einen erstaunlichen Humor: Der Bereich, der für uns Menschen sooo wichtig ist, nämlich das GELD, ist für Ihn das Geringste.

Bist du bereit deinen Glaubensboden vorzubereiten, um Gottes Saat auszustreuen und eine vielfältige Ernte einzubringen? Dann empfehle ich dir, deinen Acker jeden Tag mit dem Wort Gottes zu bewässern. Denn die Fruchtbarkeit deines Ackerbodens bestimmst du selbst, Gott lässt dir da deinen freien Willen.

Der fruchtbare Boden

Markus 4:3-9
Jesus spricht: „Hört zu! Ein Bauer ging aufs Feld um zu säen. Beim Ausstreuen der Saat fiel einiges auf den Weg. Da kamen die Vögel und pickten es auf. Einiges fiel auf felsigen Boden, der nur von einer dünnen Erdschicht bedeckt war. Weil die Saat dort so wenig Erde hatte, ging sie rasch auf. Als dann aber die Sonne höher stieg, wurden die jungen Pflanzen versengt, und weil sie keine kräftigen Wurzeln hatten, verdorrten sie. Einiges viel ins Dorngestrüpp, und die Dornensträucher überwucherten und erstickten die Saat, sodass sie keine Frucht brachte, und einiges viel auf guten Boden, ging auf, wuchs und brachte Frucht, dreißigfach, sechzigfach oder sogar hundertfach.

Jesus schloss mit den Worten: **„Wer Ohren hat und hören kann, der höre“.**

Wenn du dieses Gleichnis nicht verstehst, sagt Jesus, dann kannst du auch all die anderen Gleichnisse nicht verstehen und nicht anwenden. Dann bringt dir die Lehre daraus keinen Nutzen. Aus dem letzten Satz (Vers 9) geht hervor, dass nicht die gesäte Summe ausschlaggebend ist, sondern der Boden, in den du hineinsäst! Auch die Herzenseinstellung ist wichtig. Gott möchte nur eine fröhliche, gern gegebene Saat segnen und mehren.

Markus 4:14-20

Der Bauer sät das Wort. Bei einigen Menschen ist es wie mit der Saat, die auf den Weg fällt. Das Wort wird gesät, doch sobald sie es gehört haben, kommt der Satan und nimmt das Wort wieder weg, das in sie hineingesät worden ist.

Das entspricht einem Gläubigen, der begeistert den Herrn als Erlöser annimmt und dann keine weitere Gemeinschaft mit Ihm pflegt, keine Bibel liest, keinen Gottesdienst besucht, nicht in Sprachen spricht. Er ist mit knapper Not errettet und hat hier über sein irdisches Leben keine übernatürliche Autorität, er kann keine Herrschaft über sein Leben ausüben.

Bei anderen ist es wie mit der Saat, die auf felsigen Boden fällt. Wenn sie das Wort hören, nehmen sie es sofort mit Freuden auf, aber sie sind unbeständige Menschen, Pflanzen ohne Wurzeln. Sobald sie wegen des Wortes in Bedrängnis geraten oder sogar verfolgt werden, wenden sie sich wieder davon ab.

Das entspricht einem Gläubigen, der zwar anfängt in der Bibel zu lesen oder sogar die eine oder andere Offenbarung erhält, doch sich dann wieder von Gott abwendet, sobald die Konfrontation losgeht, weil er jetzt plötzlich viele gewohnte Dinge nicht mehr tut und die Verwandten oder Freunde sich darüber beklagen, was plötzlich mit ihm los ist. Oder weil die Grippewelle nicht sofort von ihm gewichen ist obwohl er im Glauben dagegen gesprochen hat. Dieser Gläubige ist nicht gegründet im Wort und seine Wurzel hat noch kein Bewusstsein darüber hervorgebracht, wer er in Christus ist - er hat aufgegeben.

Wieder bei anderen ist es wie mit der Saat, die ins Dorngestrüpp fällt. Sie hören das Wort, doch dann gewinnen die Sorgen dieser Welt, die Verlockungen des Reichtums und andere Begierden Raum und ersticken das Wort, und es bleibt ohne Frucht.

Das entspricht den Gläubigen, die dem Wort Gottes glauben, sich aber keine Zeit nehmen zur Vertiefung in das Wort, denn sie sind zu beschäftigt mit anderen Dingen und Gott steht eben nicht an erster Stelle in ihrem Leben. Auch haben sie nicht das Vertrauen in Seine Fähigkeiten, die Er ihnen übertragen hat und deshalb können sie sie auch nicht anwenden.

Bei anderen schließlich ist es wie mit der Saat, die auf guten Boden fällt. Sie hören das Wort, nehmen es auf und bringen Frucht: dreißigfach, sechzigfach und hundertfach.

Hier geht es um die Gläubigen, die das Wort nicht nur ab und zu hören, sondern sich regelmäßig damit beschäftigen, es studieren und es im Glauben anwenden, aufstehen und danach handeln. Je intensiver jemand das Wort Gottes hört und anwendet, desto mehr Früchte kann er in seinem Leben ernten.

Wie manifestieren sich nun diese Früchte, also auch Geld im natürlichen Bereich?

Gute Frage, siehe die Antwort im **2.Korinther 9 ab Vers 6**:

2.Korinther 9:6
Denkt daran: Wer im Segen sät, wird auch im Segen ernten. Und wer reichlich sät, wird reichlich ernten.

Was bedeutet das? Hilf jemandem, damit Gott Seinen Segen auf etwas tun kann, dann kann der Segen zu dir zurückfließen. Im Segen säen bedeutet, seine Einstellung zum Geben auf dieses Prinzip von Saat und Ernte auszurichten. Wer einen Samen sät, wird früher oder später eine Ernte einfahren. Das ist ein göttliches Prinzip, von Gott selbst in Kraft gesetzt und es funktioniert wirklich!

Gott ruft dich selbst dazu auf, Ihn zu testen, ob Er es nicht zu tun vermag dich zu segnen. Fang an und säe einen Betrag, den du selbst festlegst, regelmäßig (zumindest dreimal im Jahr, denn die biblische Ernte dauert vier Monate lang) in das Reich Gottes. Die Bibel ruft dazu auf, dass wir dort geben sollen, wo wir geistige Nahrung erhalten. Der Bauer muss auch immer wieder von neuem die Saat ausbringen, um eine regelmäßige Ernte einfahren zu können. So funktioniert es einfach im natürlichen, irdischen Bereich. Wenn du säst hat Gott etwas, womit Er für dich im übernatürlichen Bereich arbeitet bzw. dich segnet, damit dann deine Ernte im natürlichen Bereich hervorkommt.

2.Korinther 9:7

Jeder soll für sich selbst entscheiden, wieviel er geben möchte, und soll den Betrag dann ohne Bedauern und ohne Widerstreben spenden. Gott liebt den, der fröhlich gibt.

Dein Motiv ist überaus wichtig. Wenn dir das Geben noch nicht ins Herz gefallen ist, dann wird deine Ernte nicht aufgehen, denn Gott sieht dein Herz. Er möchte, dass dir das Geben leichtfällt. Denk nicht mehr unentwegt: „Oh, dann habe ich ja noch weniger", sondern daran, dass Gott deine Gabe multiplizieren wird. Wenn du vielmehr meinst, dass du ja eh genug Geld hast, dann kann deine Gabe für dich in einer ganz anderen Weise arbeiten. Eventuell öffnen sich für dich in einem ganz anderen Bereich Türen, die bis dahin geschlossen waren, und plötzlich funktionieren Dinge, die bis dato nicht funktioniert haben. Gott kann Seinen Segen auf unendlich vielfache Weise zum Einsatz bringen.

2.Korinther 9:8

Er hat die Macht, euch mit all seiner Gnade zu überschütten, damit ihr in jeder Hinsicht und zu jeder Zeit alles habt, was ihr zum Leben braucht, und damit ihr sogar noch auf die verschiedenste Weise Gutes tun könnt.

Gott wird dich so reichlich versorgen, damit du von da an auch anderen geben kannst. Er wird dir die Menschen und die Möglichkeiten zeigen, auf die verschiedenste Art und Weise Gutes zu tun. In deinem Tun wirst du selbst am meisten gesegnet werden, denn Gott ist immer ein Belohner.

2.Korinther 9:9
In der Schrift heißt es ja von dem, der in Ehrfurcht vor Gott lebt: „Er teilt mit vollen Händen aus und beschenkt die Bedürftigen, das Gute das er tut, hat für immer Bestand."

Was du gibst wird immer Bestand haben, nicht nur für den, der es empfängt, jedoch vor allem vor Gott. Denn Gott wird dadurch auch gesegnet. Der Empfänger wird nämlich Gott dafür preisen, dass Er einen Menschen in sein Leben geschickt hat, durch den er erfahren durfte, dass Gott an ihn denkt und er Ihm nicht gleichgültig ist.

2.Korinther 9:10-11
Derselbe Gott, der dafür sorgt, dass es dem Bauern nicht an Saat zum Aussäen fehlt und dass es Brot zu essen gibt, der wird auch euch mit Samen für die Aussaat versehen und dafür sorgen, dass sich die ausgestreute Saat vermehrt und dass das Gute, das ihr tut, Früchte trägt. Er wird euch in jeder Hinsicht so reich beschenken, dass ihr jederzeit großzügig und uneigennützig geben könnt. Und wenn wir dann eure Spende überbringen, werden die, die sie empfangen, Gott danken.

Wenn ich diese beiden Verse lese, ist alles was ich tun muss, ein Samenkorn auszusäen, denn für alles Weitere, so steht dort, sorgt Gott. Außerdem ist das in Gottes Augen eine gute Tat, weshalb Er sich darum kümmern wird, dass für mich gute Resultate daraus hervorkommen. Gott freut sich sehr, wenn wir im Bereich des Gebens und der Finanzen erfolgreich sind, weil wir dann auch andere segnen können und sich die "Frohe Botschaft" weiterverbreiten kann. Denn wir sollen ja Täter des Wortes sein.

2.Korinther 9:12-14
Ihr seht also: Dieser Dienst, der zur Ehre Gottes getan wird, trägt nicht nur dazu bei, die Nöte der Gläubigen in Jerusalem zu lindern, sondern bewirkt noch weit mehr, indem er zu vielfachem Dank gegenüber Gott führt. Euer Einsatz bei diesem Projekt zeigt, dass ihr in eurem Glauben bewährt seid, und dafür werden die, denen ihr dient, Gott preisen. Sie werden ihn dafür preisen, dass ihr euer Bekenntnis zum Evangelium von Christus ernst nehmt und eure Verbundenheit mit ihnen und allen anderen auf eine so großzügige und uneigennützige Weise zum Ausdruck bringt. Und wenn sie für euch beten, werden sie das voll Sehnsucht nach euch tun, weil Gott seine Gnade in so reichem Maß über euch ausgeschüttet hat.

Ein Täter des Wortes oder anders formuliert, ein wahrhaft Gläubiger ist in Gottes Augen jemand, der auch durchaus seinen Geldbeutel öffnet, um seinen Hausgenossen - das beinhaltet alle Menschen, die zu Gottes Familie gehören, auch die, die du gar nicht kennst - mit Geld zu segnen. Im Übrigen hat auch das einen sehr nützlichen Effekt für den Segnenden, denn woran er sich beteiligt, dessen Teilhaber wird er, und wenn es „nur" die Gabe ist, die dieser Bruder oder Schwester innehat, an der der Segnende von nun an Teilhaber wird.

Johannes 1:1-3
Alles ist durch das Wort geworden und außerhalb des Wortes gibt es nichts.

Hier sagt Gott ganz klar, dass du das, was du erwartest, vorher aussprechen musst - IN WORTEN -, denn nichts wird ohne Worte ins Sichtbare kommen. Also formuliere den Bereich mit Worten, indem du eine Ernte sehen möchtest. Jetzt sagst du vielleicht, das ist zu einfach, so kann das doch nicht funktionieren. Dann versuch es doch einfach und vergiss dabei nicht, dass Gott die Wünsche segnet, die dir guttun!

Alles in allem geht es Gott darum, dass du Ihm auch mit deinen Finanzen vertraust und nur deine gute Einstellung zählt für Ihn, nämlich mit freudigem Herzen zu geben.

Du investierst auch in der Welt dein Geld, beispielsweise in einen Fond, um Gewinn zu machen, und da würdest du auch nicht denken, oh je, jetzt ist dieses Geld verloren.

Genau mit dieser Zuversicht sollst du auch in Gottes Reich investieren, denn Er wird dein Geld noch viel besser und gewinnbringender vermehren. Gott ist dein Versorger und nicht die Welt.

Markus 10:29,30

Wer um meinetwillen und um des Evangeliums Willen Haus, Brüder, Schwestern, Mutter, Vater, Kinder oder Besitz zurücklässt, bekommt alles hundertfach wieder; jetzt in dieser Zeit, Häuser, Brüder, Schwestern, Mütter, Kinder und Besitztümer - wenn auch unter Verfolgung - und in der kommenden Welt das ewige Leben.

Nichts ist verloren, was du für Gott aufgibst, im Gegenteil, du erhältst dafür hundertfachen Lohn schon jetzt hier auf der Erde und in der Ewigkeit. Das sind die unvergänglichen Reichtümer von denen die Bibel spricht.

Im Übrigen fordert uns Gott selbst auf, von Ihm zu fordern und glaube mir, du kannst Gott nicht überfordern. Ihm gehört ohnehin alles, denn Er hat schließlich Himmel und Erde erschaffen. Als Glaubender bist du nicht auf dein Gehalt allein begrenzt, um versorgt zu sein, denn weil du ein Säer bist, wirst du von Gott auch aus anderen Einnahmequellen gesegnet werden.

Der Segen, die Befähigung Wohlstand zu erwerben, ist für Gott eine Herzensangelegenheit, den Er für alle Seine Kinder willig austeilen möchte. Er kann aber nicht einfach Geld vom Himmel regnen lassen, damit würde Er ins irdische Finanzsystem eingreifen. Es bedarf einer natürlichen Saat deinerseits, damit Gott den übernatürlichen Segen in Form von natürlichen Finanzen zu dir zurückfließen lassen kann.

Denk daran, du bist nicht auf dein Gehalt begrenzt, denn du bist ein Säer. Deine Ernte ist weit mehr als dein Gehalt. Gott gibt dir immer Gelegenheiten zu säen. Tu es, damit Er deine Einnahmen mehren kann. Das Wort Segen bedeutet im Hebräischen übrigens: Befähigung zum Wohlstand.

Vergiss nicht, dass Geben seliger ist als Nehmen. Bei Gott stimmt das zu 100 %.

11. Jesus der Oberhirte kommt wieder

Wir leben in vielen verschiedenen Herden (Denominationen, Völkern, Stämmen), aber wir haben alle den einen Oberhirten: Jesus Christus, der Gott der Christen.

Wie soll die Einheit im Leib Christi hervorkommen, wenn jeder den Stachel im Auge seines Bruders kritisiert und den Balken im eigenen Auge nicht sieht?

Wie lange noch lassen sich die Christen spalten?

Der Teufel versteht sein Handwerk ausgezeichnet, er ist der Spalter von Anfang an. Er hat schon Adam von Gott getrennt!

Sieh endlich über die Differenzen hinweg, die dich vom Lager deines Bruders trennen, weil er bestimmte Dinge anders macht oder glaubt als du. Wenn wir uns in Kleinigkeiten verlieren, dann ist das Ziel, ein Leib, eine Herde zu werden unter der Leitung des Oberhirten Jesus Christus in unerreichbare Ferne gerückt. Ihn als den Gekreuzigten zu predigen vor der Welt, als unseren Erlöser, der für uns auferstanden ist und mit uns leben will, damit wir hier auf der Erde einen Friedefürsten haben, der uns bedingungslos liebt - das muss die Welt hören um glauben zu können, denn der Glaube kommt vom Hören der Predigt und die Predigt aus dem Wort Gottes.

Da ist es zweitrangig, ob der Baptist von sieben Taufen spricht und der „Freie Christ“ von drei oder ob der Katholik sich bekreuzigt und der Protestant Wein zum Abendmahl trinkt.

Es ist Zeit, dem Teufel das Handwerk zu legen, seine Strategie der Verdrehung und Spaltung umzuwandeln in die einheitliche Verkündigung des Erlösungswerkes unseres Herrn Jesus Christus.

Wir als Christen sollen das Erlösungswerk nicht vertauschen mit unseren verschiedenen Vorstellungen darüber, wie ein „Werk“ zu funktionieren hat. Es funktioniert nur, wenn wir es nicht verändern. Es bedarf keiner Hinzufügung oder Weglassung, denn es ist und bleibt ein göttliches, himmlisches, vollkommenes Werk durch Jesus Christus. Er hat die Lösung bereits vorgelebt, erlebt, weil ER lebt.

Wir müssen einen Jesus, einen Erlöser, predigen, der die Menschen von ihren Lasten befreit und dies an unserem Leben sichtbar werden lassen. Nicht der ist gut, der das Gesetz halten kann, sondern wer sich für den Sohn Gottes entscheidet ist gut und gerecht gemacht vor Gott. Wir Christen haben eine so unfassbar gute Nachricht zu bringen, doch wer sie nicht hört und nicht kennt, dem nützt sie nichts. Deshalb war der Sendeauftrag das letzte, was Jesus Seinen Jüngern ans Herz legte: Geht jetzt in die Welt und verkündet das Evangelium der Rettung, der Gnade des Sohnes unter den Menschen, damit sie durch mich - Jesus Christus - eins werden können mit ihrem Gott, mit ihrem himmlischen Vater.

Die Welt da draußen wartet sehnsüchtig auf die Söhne und Töchter Gottes, die endlich mutig aufstehen und diese frohe Botschaft verkünden. Und sag nicht, dass das keiner hören will, denn die Menschen sind schon so verzweifelt, krank, einsam, abgelehnt, fremdgesteuert, deprimiert und ungeliebt, dass sie förmlich nach einem Wort der Erbauung und der Liebe lechzen.

Hast du schon mal jemandem gesagt: „Jesus liebt dich"? Du wirst erstaunt sein, welche Reaktion das hervorbringt. Jesus ist gekommen, um die Welt mit Gott zu versöhnen, nicht um sie zu verurteilen. Er hat dafür einen hohen Preis bezahlt und wer dieses Geschenk ablehnt, tritt Sein Erlösungswerk mit Füßen. Der Preis war Sein kostbares Blut, Sein Leben, das Er gab um uns freizukaufen von der Macht der Finsternis, denn die Welt lebt in Finsternis. Er ist das Licht der Welt und nur wer Ihn aufnimmt wird in Seinem Reich des Lichts leben.

Wie selbstgerecht sind doch viele Menschen geworden, die da glauben, sie bräuchten Gott in ihrem Leben nicht. Es kommt jedoch eine Zeit, und sie ist schon da, kurz vor der zweiten Wiederkunft unseres Herrn Jesus, da wird jeder, der Ihn abgelehnt hat, froh sein, wenn jemand kommt und zu ihm sagt:

„Kehre um von deinem falschen Weg und nimm Jesus als deinen Erlöser an.“ (Damit ist übrigens Buße tun im biblischen Sinn gemeint und nicht etwa auf den Knien rumzurutschen und sich kaum trauen, die Augen aufzuschlagen).

Das ist keine Drohbotschaft, aber die Bibel beschreibt die Zeit nach der zweiten Wiederkunft unseres Herrn Jesus Christus als die Trübsalzeit. Wer bis dahin Jesus nicht als seinen Erlöser angenommen hat, dem steht eine schreckliche Zeit bevor. Du kannst darüber in den Offenbarungen lesen. Doch die, die Christus Jesus angenommen haben, werden mit Ihm gehen. Die Bibel nennt das die Entrückung.

Wenn du darüber noch nie etwas gehört hast, dann kommt dir das sehr merkwürdig vor, aber es ist dennoch die Wahrheit, denn die Bibel lügt nicht.

Jesus kommt wieder und zwar sehr bald, darüber wird in den beiden Thessalonicher-Briefen genau zehnmal berichtet.

Wenn du darüber mehr erfahren möchtest, dann musst du eine Bibellehre besuchen, die sich auf das Neue Testament fokussiert und frei ist von religiösen Prägungen.

Der Oberhirte Jesus ist dabei, Seinen Hirten mitzuteilen, dass sie ihre Schafe sammeln und zusammenführen sollen unter das große Zelt, welches das Gewand Gottes ist, Sein „Mantel“.

Diejenigen, die zu Ihm gehören, sind in Seine Ruhe eingekehrt und bewahren den Frieden bis Er wiederkommt. Nichts und niemand kann sie aus Gottes Hand entreißen, denn Er hat es in Seinem Bund, dem Neuen Testament, geschworen. Gott hält was Er verspricht, unumstößlich wie der Fels, auf den Er Seine Gemeinde gegründet hat - Jesus Christus.

Durch Jesus sind wir eins mit Gott. Der Oberhirte legt sich ins Zeug für Seine Schafe und trägt sie zurück zum Vater. Du musst nur noch rufen: „Ja, ich will“. Wie die Braut, die zum Bräutigam sagt: „Ja, ich will“. Durch Jesus sind wir eins gemacht mit dem himmlischen Vater.

12. Was ist Glaube?

Hebräer 11:1
Glaube ist die Garantie für die Erfüllung dessen, worauf ich hoffe, ein Überzeugt sein von der Wirklichkeit unsichtbarer Dinge.

Durch meinen Glauben verstehe ich, dass die ganze Welt durch Gottes Wort geschaffen ist, dass alles Sichtbare aus Unsichtbarem entstanden ist. Die Wirklichkeit ist aus der übernatürlichen Realität entstanden, denn vor allem anderen war schon immer Gott zuerst da. Gott hat nur an den Menschen gefallen, die Ihm fest vertrauen, Ihm glauben, Ihm treu sind.

Hebräer 11 Vers 11: Glaubte Sara wirklich?

1.Mose 18:10-15
Da sagte der Herr: „Nächstes Jahr um diese Zeit werde ich zurückkehren. Dann wird deine Frau Sara einen Sohn haben.“ Sara aber belauschte das Gespräch vom Eingang des Zeltes aus. Und da Abraham und Sara beide alt waren und Sara schon lange nicht mehr in dem Alter war, in dem Frauen Kinder bekommen können, lachte sie leise. „Jetzt, nachdem ich verwelkt bin, sollte ich noch an Liebeslust denken?“, dachte sie. „Und mein Mann ist ja auch schon viel zu alt!“ Da sagte der HERR zu Abraham: „Warum hat Sara gelacht und gedacht: ‚Sollte ich wirklich noch ein Kind bekommen, obwohl ich schon so alt bin?‘

Sollte dem HERRN etwas unmöglich sein? In genau einem Jahr werde ich wieder zu dir kommen. Und dann wird Sara einen Sohn haben.“ Sara hatte Angst und behauptete: „Ich habe nicht gelacht.“ Doch der HERR sagte: „Doch, du hast gelacht.“

Glaube bedeutet, Gott in allem zu vertrauen was Er sagt, wer Er ist und was Er tun kann. Aus Glauben zu leben bedeutet, sich davon abhängig zu machen, was Jesus am Kreuz vollbracht hat. Es bedeutet, Ihm zu vertrauen, sich an Ihn zu klammern, aus Ihm zu schöpfen. Glaube ist nicht: versuchen, sich abmühen, bemühen oder etwas erkämpfen oder sich verdienen müssen.

Hebräer 11:11
Durch Glauben erhielt Sara selbst die Kraft Samen zu empfangen, sogar über die Zeit des Alters hinaus, weil sie den für treu-glaubhaft erachtete, der die Verheißung gegeben hatte.

Sara hat doch erst einmal gekichert hinter dem Vorhang im Zelt, als Gott versprach, dass Abraham der Vater vieler Völker werden würde. Deshalb sagte Er auch, Abraham soll seinen Sohn Isaak nennen, was so viel wie Gelächter heißt. Also kann ihr Glaube nicht so wirklich groß gewesen sein. Doch Sara hat diese Verheißung immer wieder in ihrem Herzen bewegt und Glaube entsteht im Herzen, im Kopf nützt er nichts, denn das bringt keine Tatsachen hervor. Im Herzen wird geglaubt und mit dem

Mund wird das Bekenntnis im Glauben ausgesprochen und das schafft Realität.

Hebräer 10:23

Ferner wollen wir uns unbeirrt an der Hoffnung festhalten, zu der wir uns bekennen; denn Gott ist treu-glaubhaft und hält, was er zugesagt hat.

Gott sorgt dafür, dass die Worte, die du Seinem Willen gemäß bekennst, ausgerüstet mit Seiner Kraft, Salbung, zu dir zurückkehren, als Manifestation, sichtbar, greifbar, real. Er führt es aus, denn Er hat sich für Sein Wort verbürgt, als du durch Jesus Christus mit Ihm einen Bund geschlossen hast.

1.Korinther 10:13

Keine Versuchung hat euch ergriffen als nur eine menschliche, Gott aber ist treu-glaubhaft, der nicht zulassen wird, dass ihr über euer Vermögen versucht werdet sondern mit der Versuchung auch den Ausgang schaffen wird, so dass ihr sie ertragen könnt.

Manche Verheißungen oder Bekenntnisse lassen auf sich warten, doch Gott hat Seinen Plan für Jeden von uns schon vor Anbeginn der Zeit festgelegt und es steht geschrieben, dass uns Menschen nicht gegeben ist, Zeiten und Zeitpunkte zu wissen. Also müssen wir uns gedulden, denn Geduld stärkt unseren Glauben.

2.Timotheus 2:13
Gott ist treu-glaubhaft auch wenn ich es einmal nicht bin, denn Er kann sich selbst nicht untreu werden.

Der Glaube richtet sich nicht auf Worte der Verheißung, sondern auf denjenigen, der die Verheißung gegeben hat. Mein Glaube wurzelt in der Beziehung zu Gott, die durch den Bund entstanden ist. Biblischer Glaube ist in mir nicht als Salbung, Kraft oder Energie zu finden, sondern als Suche sowie Hinschauen und Handeln nach der Anleitung Seines Geistes in mir. Ich vertraue Seinem Wort, Seinem Charakter, dass Er das, was Er sagt, auch hält und durch mich Wirksamwerden lässt. Auch Sara tat das.

Die Grundlage meines Glaubens ist das, was am Kreuz geschehen ist. Ohne diese Wahrheit existiert kein Glaube, ist alles nur eine Täuschung. Die Tatsache, dass das Evangelium (die Versöhnung mit Gott, die im Bund enthalten und festgeschrieben ist) sich auf den Schwur Gottes gründet, trennt das Christentum von jeder anderen Religion. Gott lebt in mir durch den auferstandenen Sohn Jesus Christus. Ich habe eine einzigartige, persönliche Beziehung mit meinem himmlischen Vater. Das gibt es nur im Christentum, weil Jesus der Weg zum Vater ist. Ich habe einen persönlichen Assistenten ständig bei mir, in mir, den Heiligen Geist, der mich durch das Wort Gottes in alle Wahrheit führt. Durch Ihn eröffnet sich für mich das Wort Gottes in seiner ganzen Fülle, in seiner Höhe, Länge, Breite und Tiefe, die schier unergründlich ist. Wer an das lebendige Wort glaubt, in dem wird es zum Leben erweckt, offenbart.

1.Johannes 2:27
Denkt daran: Der Heilige Geist, mit dem Christus euch gesalbt hat, ist in euch und bleibt in euch. Deshalb seid ihr nicht darauf angewiesen, dass euch jemand belehrt. Nein, der Geist Gottes, mit dem ihr ausgerüstet seid, gibt euch über alles Aufschluss, und was er euch lehrt, ist wahr und keine Lüge. Darum bleibt in Christus, wie Gottes Geist es euch gelehrt hat.

Besuche regelmäßig einen Bibelstudienkreis, in dem das Wort Gottes gelehrt wird und achte darauf, dass es dich freisetzt. Prüfe alles, ob es biblisch fundiert, in Gnade und Gerechtigkeit gegründet ist. Höre auf das, was der Geist Gottes zu dir spricht. Das kannst du nur durch Übung, indem du gemeinsame Zeit mit Ihm verbringst, du ganz alleine mit Ihm und dann brauchst du niemand mehr zu fragen, ob das richtig oder falsch ist. Er will dich ganz persönlich führen und leiten, das geht nur, indem du gemeinsame Zeit mit Ihm verbringst, im Wort Gottes. Die Zeit, die du mit Ihm verbringst, erstattet Er dir hundertfältig zurück. Es werden keine unnötigen Verzögerungen, Ereignisse (Unfälle), Arbeiten usw. deine Zeit rauben. Deine persönliche Gemeinschaft mit Gott löst viele Dinge wie von selbst. Gott ist ein Belohner und erst recht denen, die sich Zeit für Ihn nehmen.

Auch deine Eltern freuen sich, wenn du dir Zeit für sie nimmst, sie unterstützt, wenn sie Hilfe brauchen, sie besuchst oder ihnen sonst wie die Ehre erweist. Deine Eltern werden das zu schätzen wissen und du wirst dafür auch belohnt (du wirst z.B. mit einem köstlichen Essen verwöhnt).

Verbinde deinen Glauben mit der Gnade Gottes, die du nicht verdient hast, und du wirst Seine Gerechtigkeit verstehen, die allen zugutekommt, die Ihn lieben und an Ihn glauben.

13. Ein gütiger Gott

Je mehr ich Gottes Liebe für mich entdecke, desto mehr kann ich mich selbst annehmen und lieben. Wenn ich diese Liebe erst einmal für mich erkannt habe, dann bin ich auch in der Lage, sie in jedem anderen zu sehen.

1.Johannes 4:19
Ich liebe Gott, weil ER mich zuerst geliebt hat.

Ich erlebe die Kraft Gottes, weil mein Glaube im Kreuz gegründet ist und nicht auf Menschenweisheit.

Ich setze Jesus und Sein vollendetes Werk ins Zentrum meiner Beziehung mit Gott.

Ich erkenne alles an was in mir ist, die Wahrheit durch Christus, und Gott zeigt mir meinen Weg.

Wenn ich mich im Herrn erbaue, also eine positive Anerkennung von mir gebe, dann ändert Gott alles und ER wird Seine Wünsche in mein Herz geben.

Eine positive Anerkennung ist: was ich glaube,
was ich spreche,
wie ich handle.

Gott kann und wird nicht das Negative, was wir von uns geben, sei es über uns selbst oder über andere, ausführen. Aber es gibt da einen, der sich darüber freut, wenn du schlecht von dir oder anderen sprichst und er schickt dir ganz schnell seine Helferlein, um das, was du da gesagt hast, zustande zu bringen. Man nennt ihn Satan. Und ja, den gibt es.

Markus 11:24
Alles worum ich bitte erhalte ich, wenn ich glaube, dass ich es bereits empfangen habe. Du hast nicht, wenn du es siehst, du hast es, wenn du glaubst was du gesprochen hast.

Matthäus 7:7
Ich bitte und mir wird gegeben, ich suche und ich finde, ich klopfe an und mir wird aufgetan.

Ich bitte den Vater, dass das, was bereits in mir ist, durch Gnade hervorkommt, beispielsweise möchte ich anderen mit der gleichen Güte und Barmherzigkeit, also mit Gnade, begegnen können, mit der mein Vater auch mir begegnet. Hier ein anschauliches Beispiel: „Ich bin sehr begeistert vom Wort Gottes, in jeder Form, ob schriftlich oder als Predigt und ich brauche Gnade, um zu akzeptieren, dass andere diese Begeisterung mit mir nicht so teilen. Dafür danke ich meinem Vater und nehme das im Glauben an, auch wenn mein Gefühl noch nicht so empfindet. Denn ich wandle nicht in Gefühlen, sondern im Glauben."

Gnade gibt mir die Fähigkeit denjenigen Gnade zu geben, die nicht so begeistert sind wie ich, wenn sie das geschriebene Wort nicht lesen, dann lesen sie mein Leben, weil ich ihnen ein Leben mit Gott vorlebe.

Wenn sie die Worte nicht anhören, dann sehen sie die Früchte in meinem Leben und sehen meinen Frieden. Ich bin der lebendige Brief, den die Menschen lesen. Mein Leben spricht lauter als tausend Worte.

Oder anders gesagt, ich bitte um Geduld, wenn andere nicht so schnell sind wie ich. Da habe ich schon so einiges erlebt in meinem Leben. Gott hat mir Menschen in mein Leben geschickt, die wegen ihrer langsameren Art für mich eine große Herausforderung waren. Und das war die beste Lektion für Geduld! Er hat mich dadurch auch langsamer gemacht, auch wenn das einige Zeit (Jahre) gedauert hat. Doch göttliche Geduld ist ein gewaltiger Segen. Sie ist von Anfang an da, sie muss jedoch erst entwickelt werden.

Im Neuen Bund habe ich einen Belohner-Gott und keinen Richter-Gott.

Der Vater hat durch Jesus die Welt bereits gerichtet. Mein „Gericht“ ist eine Belohnung, denn ich habe den angenommen, der für mich starb, Jesus Christus, damit ich nicht mehr verurteilt werden kann.

Solange die Kirchen einen Gott predigen, den die Menschen fürchten müssen, weil er verurteilt, weil sie nicht würdig sind, werden sie die Menschen nie zum Vater zurückführen.

Lass dich nicht von einer sündigen Tat verurteilen, die dich dann in Verdammnis stürzen will und du meinst, dass es dafür keine Gnade mehr gibt. Es geht nicht um unsere Taten, es geht um die gefallene Natur, den Geist, welcher ausgetauscht wurde bei der Einladung des Herrn Jesus Christus in dein Herz. Das Wort Gottes sagt, dass es für die, die in Christus Jesus sind, keine Verdammnis mehr gibt, also keine Anklage mehr! Bleib immer in dem Bewusstsein, wer du bist, nämlich die Gerechtigkeit Gottes. Sei dir deines Rechtes bewusst, dass Jesus für dein neues Leben mit Seinem Blut und Seinem Leben bezahlt hat.

Der Heilige Geist überführt dich, wenn du etwas falsch machst, du erkennst es in deinem Gewissen. Wichtig ist, dass du dich durch die Überführung nicht verdammst oder vielmehr schuldig fühlst. Die Überführung dient lediglich dazu, dass du erkennst, du kannst diesen Fehler nicht mehr begehen. Denn Gnade ist die Befähigung, dass du es erst gar nicht mehr tun willst und kannst, weil dein Gerechtigkeitsbewusstsein immer stärker sein wird.

Es gibt eine Gnade, die uns befähigt, allem, wirklich allem mit Barmherzigkeit zu begegnen.

So wie ich dich geliebt habe, so liebe auch du deinen Nächsten. So wie ich dir vergeben habe, so vergib auch du deinem Nächsten.

Sind wir doch mal ganz ehrlich: Wer ist dazu in der Lage? Nur Jesus. Als neue Schöpfung bin ich in Christus, deshalb habe ich auch die Fähigkeit in mir, so zu handeln wie Christus es tun würde. Jetzt braucht Er nur noch meine Zustimmung, damit Er durch mich wirken kann.

Kann es nun wirklich so schwer sein, eine Zustimmung zu erteilen?

Kannst du sehen, worauf es ankommt? Nicht auf deine Fähigkeit, sondern einfach darauf, dass du eine Entscheidung triffst. Nicht wie du fühlst, sondern wie du entscheidest. Dein Wille ist gefordert - nicht dein Gefühl! Denn wir wandeln im Glauben und nicht im Fühlen.

Gott verurteilt noch nicht einmal einen Mörder, denn David, Mose und Paulus waren Mörder!

Jesus hat Saulus gefragt, warum er Ihn verfolgt. Er hat nicht gefragt, warum er die Christen verfolgt. Er hat die Verfolgung sehr persönlich genommen. Doch Er hat Saulus vergeben und so konnte dann Paulus (das ist der Name, den Saulus von Jesus erhalten hat) ein gewaltiges Werkzeug für Gott werden, durch Vergebung aus Gnade. Wer bereut und zu Gott umkehrt durch Jesus Christus, ist und bleibt errettet. Durch unverdiente Gunst aus Gnade und nicht aus irgendeinem Werk oder Gefühl heraus. Preis dem Herrn, welch eine unermessliche Gnade Gott für mich und dich hat!

Wir brauchen jeden Tag diese Gnade, denn wir leben in einer gefallenen Welt, in der Satan sehr viel Raum gewonnen hat. Er ist geübt darin, die Menschen gegeneinander auszuspielen und aufzuhetzen, sodass sie Dinge tun und Worte aussprechen, die den anderen beleidigen und wie Pfeile ins Herz treffen. Das tut er, damit sie dann Unvergebenheiten in ihren Herzen tragen, und an einer Stelle in der Bibel steht: Unvergebenheit frisst in deinem Herzen wie Krebs. Wow, was für eine heftige Aussage!

Aber auch die täglichen Kleinigkeiten wie Ungeduld, Unachtsamkeit, Rauheit, Bosheit und vieles mehr sind für Gott genauso schlimm wie Mord oder Totschlag. Es gibt bei Gott keine Messlatte für sündiges Handeln, bei Ihm ist alles gleich. Wer seinen Nächsten schlecht behandelt, tut sich selbst nichts Gutes, denn damit schneidet er sich selbst ins Fleisch, weil dann die Kraft Gottes in seinem Leben nicht mehr fließen kann, sondern nur noch tropft.

Du hast jedoch jeden Tag aufs Neue die Chance, dein „Versagen“ durch ein Gebet der Reue wieder in Ordnung zu bringen, denn Gott ist gut und Seine Gnade ist jeden Tag neu. Halleluja.

Sag Ihm einfach, dass es dir leidtut, wie du Bruder oder Schwester oder die Bedienung im Café, die Kassiererin im Supermarkt, den lahmen Autofahrer auf deiner Fahrt, das Kind auf dem Spielplatz, den Wirt im Gasthaus … behandelt oder angeraunzt hast. Und Gott wird Seine

Gnade mehr als willig fließen lassen. Oft sind wir schnell bei der Hand, den anderen zu beurteilen, wie sehr er sich danebenbenommen oder im Ton vergriffen hat, doch glaub mir, wir tun das auch, täglich.

Es freut den himmlischen Vater, wenn wir Ihm unsere Unzulänglichkeiten abgeben und um Besserung in diesem oder jenem Bereich bitten, denn wie heißt es so schön: „Ohne Dich, Herr Jesus, bin ich nichts, habe ich nichts und kann ich nichts, aber mit Dir sind mir alle Dinge möglich."

Diese Güte lässt Gott sehr gerne in deinem Leben walten.

14. Ich herrsche mit Ihm

Johannes 5, ab Vers 20

Weil der Vater den Sohn liebt, zeigt er ihm alles, was er selbst tut. Er wird ihn noch viel größere Wunder tun lassen, so dass ihr staunen werdet. So wie der Vater Tote auferweckt und ihnen neues Leben gibt, so hat auch der Sohn die Macht dazu, neues Leben zu geben, wem er will.

Beachte, der Vater hat es dem Sohn vorgemacht, damit der Sohn Sein Werk, dass der Vater begonnen hat, fortsetzt. Auch in der Welt wünschen sich viele Väter bzw. Eltern, dass ihre Kinder ihr Werk fortführen. Dazu werden sie aber erst autorisiert, wenn sie erstens volljährig sind. Rechtlich gesehen ist ein Mindestalter erforderlich, damit sie alle Rechte in Anspruch nehmen können und dürfen. Und zweitens findet die Übergabe statt, wenn eine gewisse Reife vorhanden ist, die ja praktische Übung und Anwendung erfordert. Der Sohn wird erst der Ehre des Vaters teilhaftig werden, wenn er Anerkennung durch seine eigenen Leistungen erhält. Das wiederum ehrt den Vater.

Was bedeutet das für mich als glaubenden Sohn? Komm erst einmal an den Punkt, wo du einen Toten lebendig machst, also mit ihm das Gebet der Errettung sprichst. Das ist sozusagen deine Reifeprüfung. Es ist nämlich genau der Auftrag eines jeden wiedergeborenen Glaubenden: „Verkünde das Evangelium, heile Kranke, treibe Dämonen aus und wecke Tote auf." Dann bleib da nicht stehen, sondern führe sie weiter in eine immer innigere Beziehung mit Jesus Christus, damit sie in ihrem Leben umsetzen können, welchen Vorteil sie davon haben, mit Gott zu leben und nicht nur etwas über Gott zu wissen. Selbstverständlich geht das nur mit Menschen, die dazu bereit sind und tatsächlich mehr in ihrem Glaubensleben erleben möchten, als nur mit knapper Not errettet zu sein.

Johannes 5, Vers 25-28
Die Zeit hat schon begonnen, in der die Toten die Stimme des Sohnes Gottes hören werden. Und wer diesen Ruf hört der wird leben. Denn in Gott ist das Leben, und nach Gottes Willen hat auch der Sohn dieses Leben in sich. Er hat ihm die Macht gegeben, die ganze Menschheit zu richten, weil er der Menschensohn ist. Wundert euch nicht darüber! Der Tag wird kommen, an dem die Toten in ihren Gräbern die Stimme des Sohnes hören werden.

Beachte: Nicht die Stimme Gottes oder des Vaters, sondern die des Sohnes! Also deine Stimme, wenn du Sohn bist!

Du hältst Gericht! In diesen letzten Tagen, die Tage in denen wir leben, kurz bevor Jesus Christus wiederkommt, werden die Menschen vermehrt die Stimme Gottes durch die Söhne und Töchter Gottes wahrnehmen. Es ist Erweckungszeit und dort wo Söhne und Töchter Gottes beten und bitten, geschehen plötzlich Zeichen und

Wunder. Gott bestätigt **Sein Wort,** welches im Glauben ausgesandt in diesen letzten Tagen genau das ausführt, wozu diese Söhne und Töchter es senden.

Johannes 5, Vers 30
Dabei kann ich nicht eigenmächtig handeln, sondern ich handle so, wie Gott es mir sagt. Deswegen ist mein Urteil auch gerecht. Denn ich verwirkliche nicht meinen eigenen Willen, sondern erfülle den Willen Gottes, der mich gesandt hat.

Ich bin durch den Glauben an Jesus Christus zu einem Gerechten geworden, nicht, weil ich so gut war, sondern weil Jesus so unendlich gnädig und barmherzig war, dass Er alles auf sich genommen hat an meiner Stelle, denn ich hätte den Preis der Erlösung niemals zahlen können. Aber Er hat es für mich getan und für jeden anderen Menschen auch. Für uns alle. Und nur, weil ich dieses gerechte Werk anerkenne und annehme, bin auch ich jetzt gerecht geworden in Christus Jesus. Jetzt habe ich einen Ehrenplatz an Gottes rechter Seite eingenommen mit der damit verbundenen Autorität eines Glaubenden. Deshalb kann ich jetzt in einer innigen Beziehung mit Gott leben, von Ihm hören und nach Seinem Willen handeln. Mein Gebet ist jetzt kraftvoll und wirksam, denn es ist Sein Wort, das ich spreche. Ich herrsche jetzt mit Ihm.

Von nun an weiß ich, dass der Teufel besiegt ist, weil Jesus und ich eins in der Hölle waren, als Satan von Christus bloßgestellt wurde. Denn Er, Jesus, der von keiner Sünde wusste, hat als unschuldiges Opfer alle Sünden der Welt auf sich genommen und damit den Preis für meine-deine-jedermanns Sünde bezahlt. Sein Blut war der Preis für unseren Freispruch.

Im Geist bin ich mit Christus zu einem neuen Leben auferstanden, jetzt kann ich sagen, dass ich in Christus ein Sieger bin, durch das Blut des Lammes und das Wort meines Zeugnisses (**Offenbarung 12:11**). Jetzt habe ich jedes Mal eine wirksame Waffe gegen Angriffe aller Art in meinem Leben: Ich bekenne den Sieg durch das Blut des Lammes und das Wort meines Zeugnisses.

Ich herrsche mit Christus.

15. Vergebung

Durch Vergebung werden unvollkommene Menschen ganz und zerbrochene Beziehungen geheilt und gestärkt.

Wie gut eine Beziehung auch ist, du und dein Partner werdet unter Druck vergessen, einander mit Respekt zu behandeln. Unter Druck werdet ihr den Schmerz oder Stress auf den anderen projizieren, einander angreifen und euch verteidigen, Schuld zuweisen, anklagen und anklagen lassen. Das sind die Zeiten, wo eure Beziehung von euch verlangt, in Weisheit und geistiger Stärke zu wachsen. Eine partnerschaftliche Beziehung ist eine Welt für sich.

Da es in dieser Welt keinen perfekten Partner gibt, ist die Herausforderung an euch, den Partner, der an eurer Seite ist, so zu akzeptieren und zu achten wie er ist, ja vielmehr noch dich selbst zu akzeptieren und zu achten, selbst dann, wenn du mal einen Fehler machst.

Wenn ihr einander eure Übergriffe vergeben und das Vertrauen zueinander wiedergewinnen könnt, dann könnt ihr eure Liebe und eure Fähigkeit zur Nähe vertiefen. Das ist der anspruchsvolle Teil einer Beziehung.

Jeder kann eine Beziehung eingehen, es ist leicht sich zu verlieben, besonders wenn die Hormone im Spiel sind. Eine Beziehung zu beenden ist auch nicht viel schwieriger, besonders wenn der Partner unbewusst und blind seine Ängste auf den anderen projiziert. Die meisten Menschen jedoch sind nicht bereit, sich gemeinsam in Vergebung zu üben. Darum scheitern so viele Partnerschaften.

Die Schuldzuweisungen werden von einem zum anderen geschoben, keiner hat ein Einsehen dafür, warum er als Erster vergeben sollte.

Vergebung ist der Schlüssel zum Erfolg.

Ist jemand in Christus, dann ist er eine neue Schöpfung, dann gibt es mich, ICH, ICH nicht mehr!

Der ICH-ICH-ICH-Mensch ist nicht mehr so wichtig, wenn ich ein echter Diener Gottes bin. ICH muss nicht immer recht haben, recht bekommen. Viel, viel wichtiger ist es, den Frieden zu bewahren. Wer das herausfordernd findet oder gar nicht so sehen kann, ist sich selbst noch viel zu wichtig.

Wenn du und dein Partner entschlossen seid, Vergebung zu praktizieren, könnt ihr gut zusammenleben, sogar, wenn ihr nicht so viel gemeinsam habt.

Seid ihr andererseits nicht bereit, Vergebung zu üben, wird nichts funktionieren, egal was ihr auch ausprobiert - weder Glauben noch Psychotherapie oder Beziehungsseminare. Wenn nur einer von beiden bereit ist stehen die Chancen zwar etwas besser, aber noch nicht sehr gut, es sei denn, der Bereitwillige gibt ein so hervorragendes

Beispiel, dass der, der ursprünglich nicht dazu bereit war, sich schließlich ändert.

Während sich eine Person allein in Vergebung üben kann - was immer hilfreich ist - braucht es zwei, um die Wunden gegenseitiger Übergriffe zu heilen.

Wenn du dich dafür entscheidest, eine Beziehung zu verlassen, weil du zur Vergebung nicht bereit bist, was lässt dich glauben, dass du in einer anderen Beziehung erfolgreich sein kannst?

Ja, die Menschen sind verschieden und manche drücken deine Knöpfe mehr als andere, aber keiner ist vollkommen und wird früher oder später deine wunden Punkte treffen.

Deine Fähigkeit, eine gute Partnerschaft zu leben, hängt nicht so sehr von deiner Partnerwahl ab, sondern von deiner Bereitschaft, dir und dem Partner, den du gewählt hast, zu vergeben.

Lege Wert auf gemeinsame Ziele und Interessen und gegenseitige Anziehung.

Gib jede Beziehung auf, in der ein Element des Missbrauchs vorhanden ist, selbst wenn du letztendlich daraus etwas lernen könntest. Spiele das Spiel der Liebe nicht mit einem unvollständigen Kartensatz!

Vergebung ist die einzige Konstante, der Schlüssel zum Glück in deiner Partnerschaft.

Durch Vergebung werden unvollkommene Menschen ganz und zerbrochene Beziehungen geheilt und gestärkt.

Durch Vergebung lernst du echte Liebe und wahre Wertigkeit.

Durch Vergebung wird dein Partner zu dem Geliebten der vollkommenen Einheit, in der du von deinen Illusionen und deinen Anhänglichkeiten an alle Bedingungen frei wirst.

Dann lernst du im Selbst zu ruhen, in der Verkörperung der Liebe, dem Ursprung der Schöpfung. Der Einklang der Liebenden ist die große Verheißung einer Beziehung.

Wenn zwei Menschen sich ihrer Einheit völlig hingeben, werden sie eins im Herz und im Geist. Sie werden gewissermaßen Vater und Mutter aller verletzten Kinder, die sie von den Leiden der Vergangenheit erlöst haben. Sie werden lebendige Zeugen der Macht der Liebe.

Du kannst das Licht (den inneren Menschen, das Kind in deinem Herzen) nicht in anderen sehen, solange du es nicht in dir selbst siehst. Siehst du es erst einmal in dir selbst, gibt es keine Person mehr, in der du es nicht sehen würdest.

Es spielt keine Rolle ob sie es sehen oder nicht, du weißt, dass es da ist.

Vergebung ist der Türöffner für Heilung und vieles andere mehr, über das du dich vielleicht wunderst, warum es für dich nicht weitergeht oder weshalb du in bestimmten Bereichen von einer Wüstenrunde in die nächste schlitterst.

16. Wie ruhe ich in Christus?

Hebräer 4:4
Wir jedoch haben die Botschaft geglaubt und angenommen, und wer das tut, bekommt Anteil an seiner Ruhe - an der Ruhe, auf die Gott sich bezog, als er sagte: Ich schwor in meinem Zorn: „Niemals sollen sie an meiner Ruhe teilhaben!" Nun gibt es diese Ruhe zwar schon seit der Erschaffung der Welt, denn dort, wo vom siebten Schöpfungstag die Rede ist, lesen wir: Am siebten Tag, als Gott das ganze Werk der Schöpfung vollendet hatte, ruhte er.

In Seine Ruhe eingehen bedeutet Ihm zu vertrauen. Vertrauen heißt zu glauben, dass Gott es richtig macht. Wenn ich vertraue, kann ich gelassen und ruhig bleiben. In Frieden kann ich die Antwort auf meine Bitte, mit der ich mich im Gebet an Ihn gewandt habe, abwarten. Ruhen bedeutet nicht inaktiv zu sein, sondern in Frieden meine Arbeit zu verrichten. Nicht im Schweiße meines Angesichts, sondern ohne Schweiß. Denn Jesus hat gesagt: **„Mein Joch ist sanft und leicht".** Wenn der Herr etwas bereitet hat, dann muss ich dafür nicht schwitzen. Wenn ich für etwas schwitzen muss, dann ist es nicht vom Herrn bereitet.

Unglaube ist das Einzige was mich davon abhält, in die Ruhe des Herrn einzugehen. Unglaube hält mich davon ab, Seine Verheißungen zu erlangen. Denn Gott hat es bereits versprochen und Er hält Sein Wort. Unglaube ist genau das, was Gott die Hände bindet, mir zu helfen. Unglaube steht in der Bibel für ein böses Herz. Glaube ist gehorsam und glaubt, dass das, was das Wort Gottes über mich aussagt der Wahrheit entspricht. Also nehme ich diese Wahrheit für mich an und bleibe ruhig in „Seiner Ruhe" und erwarte, dass die Zusage eintrifft. Glaube bewahrt sich ein weiches, gehorsames Herz.

Jakobus 1:5-7
Doch soll der Betreffende seine Bitte in einer Haltung des Vertrauens vorbringen und nicht in der Haltung des Zweiflers; denn wer zweifelt, gleicht einer Meereswoge, die - vom Wind aufgepeitscht - einmal hierhin und dann wieder dorthin getrieben wird. Ein solcher Mensch soll nicht meinen, er werde vom Herrn etwas bekommen, denn er ist in seinem Innersten gespalten, und seine Unbeständigkeit kommt bei allem, was er unternimmt, zum Vorschein.

Wenn ich im Glauben um etwas bitte und keinen Zweifel bzw. Unglauben zulasse, erhalte ich das Erwünschte vom Vater. Doch wenn ich auch nur den geringsten Zweifel zulasse, dann bin ich in meinem Denken hin und her gerissen und so jemand erhält laut dieser Bibelstelle nichts!

Ich habe durch Christus eine göttliche Fähigkeit erhalten: So denken zu können wie Er denkt, nämlich der Wahrheit gemäß, mit der ich jeden Zweifel von mir fernhalten kann. Diese Wahrheit werde ich nur dann in Anspruch nehmen können, wenn ich erkenne, dass ich in Christus zur Gerechtigkeit geworden bin. Wenn ich weiß, dass ich durch Jesus gerecht gemacht worden bin, dann ist Seine Gerechtigkeit zu meiner Gerechtigkeit geworden und nur dann ist diese göttliche Fähigkeit, die Wahrheit für mein Leben, wirksam.

Wie wird diese Gerechtigkeit in mir wirksam? Das Wort Gottes drückt es sehr praktisch aus: Zieht das Neue Leben an wie ein neues Kleid.

Wie ist das gemeint? Du hast bei deiner Wiedergeburt nicht nur einen neuen Geist empfangen, sondern auch eine neue Natur, nämlich die göttliche Natur. Diese neue Natur in dir will eins zu eins so sein wie Christus ist, nämlich „richtig" sein, gerecht sein. Also ist die Fähigkeit dazu schon einmal in dir drin, jetzt heißt es nur noch, sie zu erkennen bzw. sie hervorkommen zu lassen. Und wie kommt das hervor? Der Glaube dafür kommt vom Hören der Predigt, das heißt du solltest unbedingt immer wieder zu dir selbst sprechen, dass du durch Christus gerecht gemacht bist, denn dann kannst du sehen, hören und handeln wie Er, weil das deiner neuen Natur entspricht.

Gott hat mich für die Gemeinschaft mit Ihm erschaffen und nicht für irgendeine weltliche Zweisamkeit oder gar Einsamkeit. Das war der Originalplan, nicht zuerst ich und dazu dann ein bisschen Gott. Sondern zuerst Gott und die geistige Gemeinschaft mit Ihm und daraus ergibt sich dann mein wirkliches Ich. Und alles andere, was ich im Leben haben soll, fügt Er hinzu.

Matthäus 6:33
Es soll euch zuerst um Gottes Reich und Gerechtigkeit gehen, dann wird euch das Übrige alles dazugegeben.

Denn ich war in Ihm bereits schon erschaffen, noch bevor ich körperlich überhaupt zur Welt kam. Sein göttlicher Film über mich läuft, seitdem Er mich erschaffen hat. Ich bin immer sichtbar für Ihn und Er ist für mich immer erreichbar, aber eben nicht auf der sichtbaren, sondern auf der übernatürlichen Ebene. Wenn ich einmal erkannt habe, dass Gottes Herrlichkeit, Seine Sicht und Meinung für mich die absolute Realität ist, dann kann ich mich nie mehr getrennt von Ihm sehen oder denken oder fühlen, egal wo ich bin, egal in welcher Situation ich mich befinde. Ich weiß, dass ich weiß, dass Gott in mir immer anwesend ist. Das Geheimnis des Glaubens ist für mich zur Offenbarung geworden. Christus lebt in mir und deshalb bin ich Sein geliebter Sohn und so wie Er ist bin auch ich jetzt hier auf dieser Welt. Ich bin gut durch Ihn, durch Sein Blut teuer erkauft.

Wenn ich zu der Erkenntnis gekommen bin, wie sehr Gott mich liebt, nämlich, dass Er Seinen Sohn sandte und für mich opferte, damit ich wieder in einer echten Beziehung mit Ihm leben kann, wie Vater und Sohn, dann kann ich zur Ruhe kommen, Ihm – Gott - vertrauen.

Haben wir nicht alle, als wir noch Kinder waren, voll und ganz unseren Eltern, unserem Vater und unserer Mutter, vertraut. Wenn sie uns etwas versprochen haben, haben wir ihnen da nicht vertraut, dass sie es auch halten werden? So möchte dein himmlischer Vater, dass du Ihm vertraust, an Ihn glaubst. Ruhe in Seinen Verheißungen für dein Leben, in den Verheißungen, die für Söhne und Töchter gelten, wie sie im **5. Mose 28** unter den Segnungen zu finden sind oder in **Psalm 91**. Du sprichst sie über dein Leben aus und wiederholst sie täglich, bis der Glaube dafür vom Hören deiner „Predigt", deinem Sprechen, kommt. Gott sorgt dafür, dass der Glaube dafür hervorkommt, denn Er bestätigt Sein Wort. Er sorgt dafür, dass es nicht leer zu dir zurückkehrt, sondern ausführt, wozu du es ausgesandt hast.

Ruhe in Seinem Versprechen und lass Ihn arbeiten. Vertraue auf das, was Er zugesagt hat, nämlich, dass Er es tun wird bzw. getan hat, denn Er ruht ja bereits seit dem siebten Schöpfungstag. Es ist schon alles für dich und dein Leben vorbereitet und du trittst in dem Moment, wo du glaubst, in diese Wahrheit ein und dann kommt es in Existenz, sozusagen aus dem übernatürlichen Raum in den natürlichen Raum.

Ruhen heißt auch, ab und an Urlaub zu machen von deinen ganzen Aktivitäten für den Leib Christi, insbesondere, wenn du Pastor bist oder sonst als Glied des Leibes täglich einen Dienst für Ihn verrichtest. Wie oft hat man schon gehört, dass Pastoren ausgebrannt oder schwer erkrankt sind, während sie ständig für andere unterwegs waren oder sich so müde und kraftlos fühlten, dass sie selbst einen Diener Gottes gebraucht hätten.

Wir leben in einer gefallenen Welt, unser Körper ist immer noch Angriffsfläche Nr. 1 für den Teufel. Auch wenn wir noch so geistig unterwegs sind, unser Körper braucht regelmäßig Erholung. Ich spreche nicht vom Schlaf, sondern davon, dass dein Körper gewisse Ruhezeiten benötigt, in denen er durch die ganz persönliche Gemeinschaft mit Gott auftanken kann und sich wieder mit Kraft füllen lässt. **Geht ein in meine Ruhe** bedeutet nicht, von der Welt abzutreten, sondern sich mit Gott eins zu machen im Gebet, beim Spaziergang, bei deiner Lieblings-Auszeit, wo und wann immer die ist. Du wirst sehen, wie dich diese Zeiten erfrischen werden und wieviel tiefer du plötzlich wieder im Wort graben kannst und was da alles an Wunderbarem hochkommt.

Jeder muss für sich selbst entdecken, auf welche Art und Weise er am besten **in Christus ruhen** kann. Doch eins ist sicher, Gott hat es uns ans Herz gelegt und wir tun gut daran es zu befolgen. Plötzlich kommen Ergebnisse hervor, von denen du nicht mehr geglaubt hast, dass sie wahr werden könnten. Gott erreicht deinen Geist im Ruhemodus viel leichter als während deiner unzähligen Aktivitäten. **Ruhe in Frieden** ist nicht für die Grabrede gedacht, sondern für einen empfangsbereiten Geist während deines irdischen Lebens.

17. Lobpreis schützt mich

Je mehr ich Gott lobe und preise desto weniger kann ich auf mich oder meinen Umstand schauen.

Wenn ich Gott preise, verschwinden meine Probleme, denn der Lobpreis lässt keinen Raum für Negatives. Lobpreis ist einnehmend, du nimmst ihn in deinen Mund ein wie Medizin und seine Wirksamkeit ist erstaunlich schnell da. All diese Ablenkungen, denen wir in unserem täglichen Leben immer wieder ausgesetzt sind, sollen uns fernhalten vom Lobpreis, damit wir unser Augenmerk auf Dinge und Umstände richten und nicht auf Gott. Lobpreis ist ein Schutz für und gegen das Negative in dieser Welt!

Offenbarung 5:13
Und alle Geschöpfe im Himmel, auf der Erde, unter der Erde und im Meer - alle Geschöpfe im ganzen Universum - hörte ich mit einstimmen und rufen: „Anbetung, Ehre, Ruhm und Macht für immer und ewig dem, der auf dem Thron sitzt, und dem Lamm!"

Wenn du ständig in Umständen steckst schaust du zu wenig auf Gott. Lebe nicht **für** Gott, sondern **aus** Gott. Richte dein Augenmerk auf Ihn und darauf, was Er für dich getan hat. Schau nicht auf die Herausforderung, sondern auf den, mit dem du durch den Umstand hindurchgehst, schau auf Jesus.

Wie geht das? Loslassen und mit Danksagung beginnen!!! Danke Jesus, dass du dabei bist.

Je ärger dein Umstand ist, desto fester klammerst du noch! Was du aber bindest kann Gott nicht lösen. Die Zeit der Lehre über das Kreuz von Golgatha und das Evangelium der Gnade war noch nie so ausgeprägt wie in den letzten Jahrzehnten. Es gibt Massen an Infomaterial in den neuen sozialen Netzwerken und Bibelschulen, die dir dabei helfen, Gott auf eine völlig neue und innige Weise kennenzulernen.

Jetzt ist die Zeit gekommen, zu handeln und die Lehre umzusetzen. Lass dich nicht verwirren. Du hast alles Wissen in dir durch den Heiligen Geist und deine guten Ergebnisse sind schon längst überfällig! Johannes hat im Gefängnis auch zu zweifeln begonnen. Wie hat Jesus darauf reagiert?

Er ließ ihm durch zwei Jünger mitteilen, dass er auf das schauen solle, was an Wundern passiert ist: Blinde wurden sehend, Lahme gehend, Taube hörend usw. Schau auch du in solchen Situationen auf deine Erfahrungen und Zeugnisse, die du mit Gott schon erlebt hast und dann beginne damit, Ihm zu danken und Ihn dafür zu preisen, dass Er auch an dir schon so Wunderbares getan hat. Du brauchst nicht **mehr** Glauben, du brauchst Charakter und Ausdauer, denn wer durchhält erringt den Sieg.

Dein Mund, dein Sprechen, füttert dein Herz. Fang damit nicht erst an, wenn der Berg sich schon aufgetürmt hat. Dein Mund muss dein Herz füttern, damit dein Herz überfließen kann, wenn du es brauchst! Du musst selbst den Samen pflanzen, damit du zum richtigen Zeitpunkt eine Ernte einfahren kannst. Dein Reden ist der Sprit.

Folge deiner Berufung und nicht deinem Prediger und auch nicht einem Dienst. Die Berufung ist für alle gleich, nur die Bestimmung ist individuell.

2.Korinther 5:17-20
Vielmehr wissen wir: Wenn jemand zu Christus gehört, ist er eine neue Schöpfung. Das Alte ist vergangen; etwas ganz Neues hat begonnen! Das alles ist Gottes Werk. Er hat uns durch Christus mit sich selbst versöhnt und hat uns den Dienst der Versöhnung übertragen. Ja, in der Person von Christus hat Gott die Welt mit sich versöhnt, sodass er den Menschen ihre Verfehlungen nicht anrechnet; und uns hat er die Aufgabe anvertraut, diese Versöhnungsbotschaft zu verkünden. Deshalb treten wir im Auftrag von Christus als seine Gesandten auf; Gott selbst ist es, der die Menschen durch uns zur Umkehr ruft. Wir bitten im Namen von Christus: Nehmt die Versöhnung an, die Gott euch anbietet!

Du hast den Heiligen Geist in dir und kennst die Wahrheit. Du hast ein inneres Zeugnis in dir leben, daher brauchst du niemanden mehr der dir sagt, ob das richtig oder falsch ist. Lerne Ihm zu folgen. Fang da an zu dienen wo du gerade bist. Du wirst deine Bestimmung schnell herausfinden, denn der Heilige Geist wird sie durch die Salbung bestätigen.

Lass dich nicht abhalten, wenn etwas nicht auf Anhieb funktioniert oder wenn nicht sofort Frucht sichtbar wird. Warte eine Weile, erst müssen die Wurzeln im Untergrund wachsen, bevor über der Oberfläche etwas sichtbar wird. Beständigkeit ist so wichtig und sie ist heutzutage so rar geworden. Alles was funktioniert ist von Gott, aber du musst schon etwas ausprobieren, denn nur wer wagt kann gewinnen.

Wir haben großartige Lehren zur Verfügung, sei es durch Medien, Bücher, Bibelschulen oder Prediger, nun ist die Zeit reif für großartige Taten und Ergebnisse. Gott ist bereit - bist du bereit, dich führen zu lassen? Du wirst nur das erleben, was du sprichst und glaubst. Glaube spricht und Glaube handelt, nur so funktioniert Glaube. Dein Glaube wird niemals über dein Bekenntnis hinaus reichen.

Jesus hat uns gezeigt wie Glaube gelebt werden soll, dann hat Er für uns im Voraus den Preis bezahlt, damit wir alles zur Verfügung haben was wir brauchen, um diesen Glauben auf der Erde leben zu können. Sein Leben war der Preis dafür, den Er für dich, für mich und für jeden Menschen bezahlt hat. Wir sind im Voraus erlöst, geheilt und wohlhabend gemacht worden durch Sein Erlösungswerk. Wir dürfen jetzt alles in Empfang nehmen und es genießen. So wie mit einem neuen Auto, das jemand schon im Voraus bezahlt hat und dir dann schenkt. Du darfst jetzt den Schlüssel einstecken und losfahren und die Fahrt genießen. Natürlich werden auch Hindernisse auftauchen, doch die sind zu überwinden, denn der Überwinder lebt in uns, Jesus Christus. Er hat uns Seine Fähigkeiten geschenkt, die wir jetzt nutzen können, um Hürden zu überwinden. Das ist wie mit dem Navi im Auto, es zeigt beim Stau auch eine andere Route an, die wir wählen sollten, wenn wir nicht stecken bleiben wollen.

Dieses Werk war und ist so perfekt, füge nichts hinzu und lasse nichts weg, denn nur dann funktioniert es. Die Kraft liegt in der Einheit dieses Werkes und dieses Werk, das Gott erschaffen hat, bist du und die Einheit stellst du mit Jesus zusammen her. Du bist ein Bestandteil davon und wenn du deinen Platz nicht einnimmst bleibt er leer, dich kann keiner ersetzen. Jeder ist wichtig - alle sind wertvoll. Für diesen großartigen Plan können wir Gott jeden Tag loben und preisen, denn Er hat es verdient.

Solange die Israeliten in der Wüste murrten und mit allem unzufrieden waren, was Gott für sie tat, konnte Er sie nicht aus der Wüste herausführen, denn Er wollte damit ihren Gehorsam testen. Wer dankbar ist, den schützt Gott vor seinen Feinden und dem sichert Er Gesundheit und Versorgung zu. Wer Ihm trotz widriger Umstände dankbar bleibt und Ihn lobt, dem wird Gott immer ein Belohner sein. Genau wie Eltern ihren Kindern gerne eine Belohnung geben, wenn sie etwas gut machen.

Danken und Loben, das sind die Zwillinge, die dich erfolgreich sein und werden lassen. Du sollst dich nicht für die widrigen Umstände bedanken, aber inmitten der widrigen Umstände sollst du an Gott denken und Ihm danken, denn Er kann innerhalb kürzester Zeit aus dem größten Mist den besten Dünger für dich machen.

Wie sieht es zum Beispiel aus, wenn du erfährst, dass deinem Kind etwas zugestoßen ist? Dann wirst du nicht gleich verzweifeln, sondern du dankst sofort dem Herrn, dass Er die Lage im Griff hat und dein Kind aus der Situation heil und gesund hervorkommt. Du sprichst laut hörbar das aus, was du als Ergebnis haben willst, auch wenn es im Moment nicht so ist. Der Glaube ruft das Nichtseiende wie wenn es da wäre. Verbinde dein Sprechen mit deinem Glauben und lass Gott wirken.

Der Schlachtruf der Israeliten zum Beispiel war: „Der Herr ist gut und Seine Gnade währt ewiglich." Damit zogen sie in den Krieg und gewannen jede Schlacht. Das ist ein Ausdruck des Lobes, so wie ein Kind, das ruft: „Mein Papa ist der Stärkste, er beschützt mich immer".

Danken schützt vor wanken, also vor Unglauben, und loben zieht nach oben. Du kannst nicht gleichzeitig den

Herrn loben und über Ihn jammern oder über deine Situation.

Lasst uns den Herrn loben und preisen, denn Er allein ist würdig gepriesen zu werden. Es erfreut Sein Herz und ein freudiges Herz ist ein freudiger Geber. Er möchte dich mit mehr beschenken als du dir erbitten oder vorstellen kannst. So gut ist Gott.

18. In Ihm-Tatsachen

Warum spricht die Bibel im Neuen Testament mehr als zweihundertmal über die „In Ihm-Tatsachen“?

Erstens, weil es so über die Maßen wichtig ist zu verstehen, wer wir als neue Schöpfungen in Ihm sind, in Christus Jesus. Und weil Gott uns nur so sieht, nämlich in Ihm, in Christus Jesus. Wenn wir uns so sehen, in Ihm, werden wir unsere Gerechtigkeit, die wir aus Gnade geschenkt bekommen haben, viel besser verstehen und annehmen können. In Ihm zu sein bedeutet, die Gerechtigkeit Gottes zu sein durch das vollendete Werk Jesu Christi. Er hat alles für dich getan. Die Gerechtigkeit Gottes zu sein heißt, dass du jetzt ohne Verdammnis und ohne Schuld in die Gegenwart Gottes kommen kannst, egal mit welcher Bitte oder einfach nur, um Gemeinschaft mit Ihm zu haben. Ruhe in der Gewissheit, dass, wenn du betest, Er gerecht ist und deine Bitte bereits erhört hat. Dann kannst du aufhören, Ihn ständig um die gleichen Dinge zu bitten. Jetzt kannst du Ihm danken und Ihn loben und preisen, dass Er so gütig zu dir, Seinem Sohn ist, der du ja in Ihm bist.

Zweitens, wenn du dich nicht mehr in dir selbst siehst, sondern in Ihm, dann kannst du auch nicht mehr in unrechter Weise von dir denken, denn tatsächlich bist du ja nicht mehr der alte Mensch mit der gefallenen Natur, der du bis dahin warst. Du bist jetzt vollkommen neu erschaffen in Christus Jesus. Keiner, nicht einmal du, hat das Recht, dich, den Christus Menschen, anzuklagen oder zu verurteilen. Das würde ja bedeuten, wir verurteilen oder klagen Christus an! Kannst du das sehen?

Christus ist aber gerade deshalb verurteilt worden, damit dich kein Urteil mehr treffen kann.

Stell dich also nicht mehr als Zielscheibe zur Verfügung, denn die Berufungen Seiner Kinder sind unbereubar. Selbst wenn du noch etwas tust, was nach deinem Ermessen „sündig“ ist (und das passiert uns allen ab und an), Er sieht deine Ungerechtigkeiten nicht mehr, denn Sünde ist am Kreuz von Jesus zu einem sehr hohen Preis bezahlt worden. Sein Blut war der Preis für das Erlösungswerk.

Epheser 1:7
In ihm (Jesus) haben wir die Erlösung durch sein Blut, die Vergebung der Übertretungen nach dem Reichtum seiner Gnade.

Du bist erlöst, nachdem du eine neue Schöpfung geworden bist. Es war deine Erlösung für die Jesus Sein Leben gegeben hat.

Gott sieht dich übrigens von dem Moment an, als du eine neue Schöpfung geworden bist, nur noch in Ihm, in Christus als Gerechten. Also geh in dem Recht, das dir Christus teuer erkauft hat. Lebe in diesem Recht hier auf der Erde in Gesundheit, Wohlstand und Sieg. Jetzt bist du der Sohn an Christi statt, der autorisiert ist, in Seinem Namen die Werke zu tun, die Er getan hat. Sei mutig und kühn, bete für Menschen und erwarte ganz selbstverständlich, dass deine Gebete ausführen wozu du sie sprichst. Lege Kranken die Hände auf, treibe Dämonen aus und erwecke Tote zum ewigen Leben.

Wenn das Wort Gottes sagt, dass das unser Auftrag ist als Nachfolger Christi, dann glaube dem Wort und handle danach. Gott hat dafür zu sorgen, dass Sein Wort ausführt wozu du es sendest. Du hast dafür zu sorgen, dass du es sprichst. Lass das Wort seine Arbeit tun. Wichtig ist, dass wir das ausgesandte Wort, den Samen, nicht durch Unglauben oder eine negative Aussage oder durch eine ungläubige Zustimmung wieder ausgraben. Dann ist es wirkungslos geworden und dein Gebet oder Bekenntnis kommt nicht zustande.

In Ihm zu sein ist der Schlüssel für meine Gleichsetzung mit Christus Jesus, so kann ich verstehen, glauben und erleben, was mit mir passiert ist, als der „alte Mensch“ mit Christus gestorben ist.

In Ihm habe ich am Kreuz den alten Menschen zurückgelassen und bin mit Ihm zu einer neuen Schöpfung auferstanden. Alles Schlechte hat Er auf sich gezogen und ich habe all das Gute von Ihm - in Ihm erhalten, deshalb gefalle ich jetzt Gott, weil ich dieses Erlösungswerk angenommen habe und jetzt die Gerechtigkeit Gottes bin durch Christi Werk.

2.Korinther 5:21
Denn er hat den, der von keiner Sünde wusste, für uns zur Sünde gemacht, damit wir in Ihm die Gerechtigkeit Gottes würden.

Am Kreuz wurde Jesus nicht nur zur Sünde, sondern auch zum Fluch, denn an einer anderen Stelle heißt es: **„Verflucht ist jeder der am Kreuz hängt"**:

Wir sind in Ihm nicht nur gerecht gemacht, sondern auch noch gesegnet! Halleluja!

Jesus kam unter dem Alten Bund als Jude, um alle, die unter diesem Bündnis lebten, vom Fluch des Gesetzes zu erlösen.

Als Er auferstanden ist, ist Er zum Neuen Bund auferstanden, der so viel besser ist, als der Alte Bund, denn in diesem Bündnis hat Jesus für mich alle Anforderungen des Gesetzes bereits erfüllt. In Ihm muss ich nur noch ein Gebot halten, nämlich Gott an erste Stelle in meinem Leben zu setzen und meinen Nächsten zu lieben wie mich selbst. Und das kann ich in Ihm schaffen, wenn ich es wirklich will.

Wollen mögen muss jeder selbst, doch eins ist sicher: Jesus hilft dir, denn in Ihm geht es leichter als allein.

In Ihm ist dein menschlicher Körper jetzt hier auf der Erde bereits mit dem Leben Gottes erfüllt, damit das Sterbliche verschlungen werde vom Leben. Kannst du die Tragweite dieser Aussage begreifen? Jesus hat durch

Seinen Tod das Recht über das Leben erkauft. Als Satan Jesus in der Hölle hatte, da wurde ihm erst klar, dass er den, der ohne jede Sünde war, tötete und nun konnte er Ihn nicht in der Hölle halten, denn Er hat den Preis für alle Sünden bezahlt, vergangene, gegenwärtige und zukünftige!

Der Tod hat sein Recht am Leben verwirkt. In Ihm bist du jetzt unsterblich geworden, du lebst in alle Ewigkeiten weiter. Der Mensch ist das einzige Wesen mit einem unsterblichen Geist, denn Gott ist Geist und Seine Schöpfung, der Mensch, ist aus Seinem Geist geboren.

Offenbarung 12:11
Der Tod ist besiegt, durch das Blut des Lammes und das Wort meines Zeugnisses.

Mit diesem Bekenntnis kannst du den Teufel in seine Schranken weisen und er hat kein Anrecht, dir irgendetwas zuzufügen.

In Ihm können wir jetzt durch die Gerechtigkeit, die wir von Jesus bekommen haben, vor Gott für alle Zeiten bestehen. Durch Sein Werk - nicht durch unsere guten oder weniger guten Taten.

Jesus hat Sein Leben für dich als Lamm Gottes niedergelegt. Damit ist ein für alle Mal die Richtbarkeit über dich erfüllt, nämlich jetzt gibt es niemanden mehr, der dich noch verurteilen kann oder darf. Das Blut des

Lammes Gottes war ein mehr als genug Preis für deine Erlösung und damit Befreiung von jeder Schuld.

Weil du durch Ihn reingewaschen wurdest, kannst du jetzt In Ihm jeden Tag dein göttliches Leben bekennen und leben.

Preis dem Herrn, welch eine Ehre, von Ihm dazu erwählt zu sein, in Ihm zu leben.

Schlussworte

Ich glaube und bete für dich, dass dieses Buch dir hilft, eine lebendige Beziehung zu Gott zu finden, aufzubauen und täglich darin zu leben. Es gibt nichts Großartigeres, als vom Heiligen Geist persönlich geleitet und beraten zu werden. Ich wünsche dir von Herzen, dass du das erlebst, weil du dich danach sehnst und ausstreckst. Gott ist ein guter Gott. Er ist denen ein Belohner, die Ihn lieben.

Abschließend möchte ich dir noch drei Bibelstellen an die Hand geben, die dich vor der großen Verführung bewahren sollen, die in diesen letzten Tagen stattfinden wird, bevor der Herr Jesus wiederkommt.

1.Korinther 2:1-5
Als ich zu euch kam, Geschwister, um euch das Geheimnis zu verkünden, das Gott uns enthüllt hat *(Christus lebt in uns, wir haben den Geist Gottes in uns leben, sodass uns seine Gedanken nicht verborgen sind)*, **versuchte ich nicht, euch mit geschliffenen Reden und scharfsinnigen Argumenten zu beeindrucken. Nein, ich hatte mir vorgenommen, eure Aufmerksamkeit einzig und allein auf Jesus Christus zu lenken, auf Jesus Christus, den Gekreuzigten. Außerdem fühlte ich mich schwach, ich war ängstlich und unsicher, als ich zu euch sprach. Was meine Verkündigung kennzeichnete waren nicht Überredungskunst und kluge Worte, es war das machtvolle Wirken von Gottes Geist. Denn euer Glaube**

sollte sich nicht auf Menschenweisheit gründen, sondern auf Gottes Kraft.

Hier spricht Paulus davon, dass wir auf die Kraft des Kreuzes schauen sollen, ob auch diejenigen sie in ihrem Leben haben, die die Botschaft vom Kreuz verkünden. Schau nicht auf Menschen, wenn auch in diesen letzten Tagen der Mensch sich vollkommen in den Mittelpunkt stellt und viele menschliche Idole anhimmelt, anstatt Gott anzubeten. Somit machen sie diese Menschen zu ihren Götzen. Früher gebrauchte man das Wort „Idole", heute nennen sie sich Influencer. Alles dreht sich nur um das Können, das Aussehen, das Darstellen. Sie stellen sich so dar, als gäbe es in ihrem Leben nie einen Makel, einen schlechten Tag, eine Herausforderung, eine Auseinandersetzung; der perfekte Mensch grinst dich da über Twitter, YouTube und Instagram an. Lass dich nicht verführen vom perfekten Dienst oder spirituellen Leitern, wenn du in ihrem Leben Gottes Kraft nicht wirken siehst. Darunter verstehe ich nicht unbedingt Zeichen und Wunder, auch wenn diese dazugehören, sondern vielmehr, wie sie mit ihrem Nächsten umgehen und ob Gott in ihrem Leben immer an erster Stelle steht und Er für alles die Ehre bekommt. Schau auf Jesus. Jesus folgte gehorsam dem Willen Gottes und wenn du Ihm nachfolgst, bist du auf der sicheren und richtigen Seite.

2.Thessalonicher 2:9-12

Hinter dem Auftreten des Gesetzlosen steht der Satan mit seiner Kraft, was sich in allen möglichen machtvollen Taten zeigen wird, in Wundern und außergewöhnlichen Geschehnissen - allesamt Ausgeburten der Lüge -, in Unrecht und Irreführung aller Art. Damit wird es dem Gottlosen gelingen, die zu verführen, die ihrem Verderben entgegengehen. Sie gehen verloren, weil sie die Wahrheit, die sie hätte retten können, nicht geliebt haben. Deshalb schickt Gott ihnen einen Geist der Verblendung, der sie dazu bringt, der Lüge Glauben zu schenken. So kommt es dann, dass im Gericht Gottes alle verurteilt werden, die der Wahrheit nicht geglaubt haben, sondern am Unrecht Gefallen fanden.

Halte fest an der Wahrheit, egal was andere darüber sagen oder denken. Bleib du am Ball, denn viele wollen in diesen Tagen die Wahrheit nicht mehr hören, weil die Lüge ihnen besser gefällt. Sie gaukelt ihnen nämlich den einfacheren Weg der Unbeschwertheit vor, auf dem es nur Vergnügungen gibt - frei nach dem Motto: „just have fun". Und sie gefallen sich noch in ihrer „gefallenen Natur", die den Teufel als Vater hat.

1.Petrus 5:5

Für euch alle gilt: geht zuvorkommend miteinander um; kleidet euch in Bescheidenheit! Nicht umsonst heißt es in der Schrift: Den Hochmütigen stellt sich Gott entgegen,

aber wer gering von sich denkt, den lässt er seine Gnade erfahren.

Denk allezeit daran, ohne Jesus hast du nichts, bist du nichts, kannst du nichts, aber dass dir mit Ihm alle Dinge möglich sind. Bleib demütig, denke nicht höher von dir als du solltest. Gott braucht uns nicht (aber Er will uns) – doch wir brauchen Ihn. Wer Ihm in allem die Ehre gibt, dem wird Er Gnade über Gnade in seinem Leben erfahren lassen. Beziehe Ihn in alle deine täglichen Abläufe ein, auch wenn sie dir noch so „gering" erscheinen. Es freut den Heiligen Geist, deinen Helfer, wenn du Ihn um Rat fragst.

Gib dein Glaubensleben niemals auf. Es wird dich zum richtigen Zeitpunkt, am richtigen Ort, durch die richtige Person und die richtigen Worte immer wieder ermutigen. **Bleib am Ball!**

Gott segne dich!

Herzlichst,
Gabriella

Danksagung

Liebe Ute, wieder einmal hast du dich mit Hingabe und deiner so erfrischenden Begeisterung bereit erklärt, mir bei den technischen Herausforderungen zu helfen beziehungsweise sie vollständig zu übernehmen. Immer kann ich dir voll und ganz die Gestaltung des Textes und die eine oder andere Korrektur oder verständlichere Veränderung anvertrauen. Danke für die unzähligen Stunden, die du wieder am Computer für das Zustandekommen dieses Werkes verbracht hast. Auch wenn das voll deine Gabe ist, bin ich dir dafür sehr dankbar. Die Zusammenarbeit mit dir ist eine Freude und Bereicherung zugleich.

Danken möchte ich auch dir lieber Manuel, du hast das Coverbild in einem sehr ansprechenden Design entworfen. Es war ein Vergnügen und Segen, deine göttliche Geduld und Befähigung für diese schöne Aufgabe in Anspruch zu nehmen. Die Vielfalt deiner Talente war hierfür geradezu prädestiniert. Danke, danke, danke.

Danken möchte ich auch dir lieber Kurt, du hast das Buch "geistig" korrekturgelesen und hier und da zu verständlicheren Ausdrucksweisen angeregt. Vielen Dank auch für diese wichtige Unterstützung.

Danken möchte ich auch dem Heiligen Geist, der mir wieder einmal mehr gezeigt hat, dass ich diese wunderbare Gabe des Schreibens von Ihm bekommen habe, denn das Zustandekommen dieses Buches ist aus Seiner Feder geflossen so einfach und leicht, wie es eben nur Er schenken kann.

Weitere Bücher von Gabriella Kranke
erhältlich im Rediroma-Verlag

- **Das bin ich in der Bibel**

Herrschaft über mein Leben
110 gebundene Seiten
ISBN 978 3 86870 968 1

- **Ein neuer Tag - jeden Tag**

Frühstück für den Geist - 365 Andachten
194 gebundene Seiten
ISBN 978 3 96103 184 9

- **Tauschen wir?**

Ein starkes Leben statt ein schwaches Leben
106 gebundene Seiten
ISBN 978 3 96103 646 2